Kommasetzung bei Konjunktionen

Als Konjunktionen bezeichnet man Bindewörter, die einzelne Wörter oder (Teil-) Sätze miteinander verbinden. Hier sind einige Konjunktionen aufgelistet, bei denen man ein Komma setzen muss:

- aber
- allein
- außer
- bis
- denn
- doch/jedoch
- einerseits … andererseits
- falls
- indem
- obwohl
- sondern
- trotzdem
- weil
- wenn

Bei folgenden Konjunktionen steht kein Komma:

- beziehungsweise
- entweder … oder
- oder
- sowie
- sowohl … als auch
- und
- weder

Ein Sonderfall ist die Konjunktion „wie“:

- Kein Komma wird gesetzt, wenn nur Satzteile verglichen werden.
  Beispiel: Meine Katze ist so alt wie deine.
- Ein Komma muss gesetzt werden, wenn „wie“ einen untergeordneten Nebensatz einleitet.
  Beispiel: Meine Katze ist so alt, wie deine vor ein paar Jahren war.

Finde die 12 Konjunktionen und markiere sie farbig.

S	E	I	T	D	E	M	O	A	B
E	K	N	T	O	H	I	U	L	I
D	A	D	U	D	E	N	N	S	S
A	S	E	R	E	V	M	D	O	C
S	L	M	S	R	A	R	I	O	B
S	P	L	A	B	E	R	D	D	I

① **Finde alle Konjunktionen und markiere sie farbig.**

a) wohnenbisfallsdenkenalleinaußenaußersondernlebeneinerseitswissenwiesowohl

b) jederfallstrotzdemlenkensagenwissenschauengroßobwohloderrodelnlenkbar

c) sonderbarsowiejedochwollenalswirkenhängendwederwinkendverabschiedenlesen

② **Schreibe nun alle Konjunktionen aus Aufgabe ① auf die Linien.**

____

____

____

③ **Streiche die falsche Konjunktion durch und setze die passende Konjunktion in die Lücke ein. Setze ein Komma, falls nötig.**

weil obwohl	Ich habe leider keine Zeit ____________ ich dich gern sehen möchte.
als bevor	Wir müssen uns sehen ____________ du einen Fehler machst.
und oder	Nicolas hat keine Arbeit ____________ auch kein Geld.
wenn denn	Lea und Zoe verabreden sich zum Sport ____________ er macht ihnen großen Spaß.

① **Setze die passende Konjunktion aus dem Kasten ein. Jede Konjunktion darf nur einmal verwendet werden. Setze Kommas, wo es nötig ist.**

damit	oder	dann	obwohl	dass	deswegen	da	aber	indem	und

a) Ich habe mich geärgert ______________ du dich nicht gemeldet hast.

b) Maria hätte eine bessere Note schreiben müssen ______________ sie viel gelernt hat.

c) Timo ruft dich später an ______________ er dir die Hausaufgaben sagen kann.

d) Das Auto hat Ina nicht gefallen ______________ hat sie es nicht gekauft.

e) Das Kind hat nicht geweint ______________ es sich stark verletzt hat.

f) Erledige erst die Hausaufgaben ______________ kannst du Besuch bekommen.

g) Ich habe mich bedankt ______________ ich ihr eine Packung Pralinen geschickt habe.

h) Möchtest du erst ins Kino gehen ______________ direkt ins Restaurant?

i) Auf dem Einkaufszettel stehen Bananen, Joghurts ______________ Nudeln.

j) Ich wollte den Film nicht schauen ______________ dir war es ja wichtig.

② **Setze eine passende Konjunktion und wenn nötig auch ein Komma ein.**

a) Das Baby malte die ganze Wand an ______________ es der Vater bemerkte.

b) Sie gab alles ______________ ihre Eltern stolz auf sie sein konnten.

c) Der Sommer war warm ______________ wir deine Tante besuchten.

① **Schreibe fünf Konjunktionen auf die Linie.**

____________________ | | 5 |

② **Setze eine passende Konjunktion ein. Denke an Kommas, falls es nötig ist.**

a) Ich liebe dich ____________ du mich auch manchmal nervst.

b) Bernd, Fred ____________ Nick waren schon da.

| | 4 |

③ **Verbinde die beiden Sätze mit einer passenden Konjunktion. Schreibe den Satz auf die Linien. Denke an notwendige Kommas.**

a) Das Baby schreit nachts viel. Es hat viel Milch getrunken.

____

____

b) Maraika fühlt sich zu dick. Sie trainiert im Fitnessstudio.

____

____

c) Ihre Eltern waren mit dem Kreuzfahrtschiff unterwegs. Der Kapitän hatte Geburtstag.

____

____

d) Die Geschwister kaufen ein großes Geschenk in der Stadt. Ihre Mama hat Geburtstag.

____

____

e) Antonia geht früh ins Bett. Sie möchte für ihre Fahrprüfung ausgeschlafen sein.

____

____

| | 10 |

Du hast		**von 19 Punkten erreicht!**

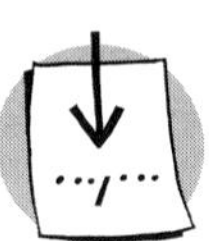

Kommasetzung bei Aufzählungen

Bei Aufzählungen muss nicht immer ein Komma gesetzt werden.
Du musst bei der Kommasetzung beachten, ob es sich um gleichrangige Wörter handelt oder nicht.
Dies hört sich schwieriger an als es tatsächlich ist.

Beispiel:

Viele Kinder essen an Halloween die süßen, klebrigen Süßigkeiten.

Hier muss ein Komma gesetzt werden, denn es sind gleichrangige Adjektive.
Doch wie findet man heraus, ob die Adjektive gleichrangig sind?
Um dies zu erkennen, gibt es unterschiedliche Möglichkeiten.
Du kannst ...

1. ein „und" zwischen die Adjektive setzen.
   → *Viele Kinder essen an Halloween die süßen und klebrigen Süßigkeiten.*

2. die Adjektive in ihrer Reihenfolge vertauschen.
   → *Viele Kinder essen an Halloween die klebrigen, süßen Süßigkeiten.*

Wichtig:

Das Komma muss gesetzt werden, wenn sich durch diese Möglichkeiten der Sinn des Satzes nicht verändert!

Bei nicht gleichrangigen Wörtern wird kein Komma gesetzt.

Beispiel:

Marlies sieht gern den witzigen deutschen Comedian.

Hier darf kein Komma stehen, denn es handelt sich um nicht gleichrangige Adjektive:

Der „deutsche Comedian" ist eine feste Verbindung aus Adjektiv und Substantiv und wird durch das Adjektiv „witzig" näher bestimmt. Die Probe mit „und" zeigt außerdem, dass der neue Satz keinen Sinn ergibt: „Der witzige und deutsche Comedian".

Ansonsten gilt, dass man vor „und", „oder" und „sowie" kein Komma setzt.

Entscheide, ob die Kommas richtig gesetzt wurden.

Satz	richtig	falsch
Sina kauft Quark, Beeren und Honig ein.		
Ich lese ein witziges, deutsches Buch.		

① **Setze in dem folgenden Text alle fehlenden Kommas.**

In der Schule finden wir verschiedene Personen: So gibt es beispielsweise Lehrer Schüler Hausmeister Sekretärinnen und Eltern. Eltern kommen aus verschiedenen Gründen in die Schule. Sie holen ihr Kind ab oder haben einen Termin mit einem Lehrer.

Im Klassenraum gibt es viele verschiedene Gegenstände. Man findet in ihm eine Tafel oder ein Smartboard Kreide oder spezielle Stifte einen Schwamm oder ein Tuch. Außerdem gibt es Tische Stühle Bänke Schränke sowie ein Lehrerpult.

Oftmals herrscht in vielen Klassen ein totales Chaos. Überall liegen Hefte Stifte Bücher und Mappen herum.

Manche Lehrerin und mancher Lehrer werden bei so einer Unordnung wütend. Denn alle wollen in einem sauberen schönen Klassenraum sein.

② **Ergänze die folgenden Sätze mit passenden Wörtern und setze fehlende Kommas.**

a) Ich esse gern ________________ ________________ und ________________.

b) ________________ ________________ sowie ________________ mag ich überhaupt nicht.

c) Ich finde ________________ ________________ und ________________ gut.

d) Mit meinen Freunden ________________ ________________ und ________________ treffe ich mich gern.

e) Magst du lieber mit ins/zum ________________ kommen oder doch lieber ins/zum ____?

f) Meine Hobbys sind ________________ ________________ und ________________.

g) In den Ferien mache ich gern folgende Dinge: ________________ ________________ und ________________.

① **Entscheide, ob die Kommas richtig gesetzt wurden.**

Satz	richtig	falsch
Die Jugendlichen freuen sich auf die Sommerferien, ausschlafen, und viel Freizeit.		
Ihm war es egal, ob es Pizza, Schnitzel, oder Burger zu essen gab.		
In den Großstädten gibt es viele Menschen, Hochhäuser und Restaurants.		
Das kalte, regnerische Wetter gefällt mir überhaupt nicht.		
Ich habe den Namen des bekannten deutschen Sängers vergessen.		

② **Bilde mit den vorgegebenen Wörtern einen Satz und schreibe ihn auf die Linien. Setze Kommas, wenn dies nötig ist.**

Äpfel   Ich   noch   Bananen   brauche   Joghurt   und   Kiwis

___

___

___

sind   Singen   Nähen   Ihre   Joggen   Hobbys   und

___

___

___

und   getanzt   gelacht   zusammen   Wir   geweint   haben

___

___

___

① **Setze Kommas, wenn diese nötig sind.**

a) Lia trifft ihre Freundinnen Anna Anne und Sarah.

b) Hannah spielt gern Karten und Brettspiele.

c) Ich mag meine schöne neue Tasche.

d) Unsere Lehrerin ist eine freundliche hilfsbereite Person.

e) Isst du lieber Pizza Nudeln oder Schnitzel?

f) Wir wünschen euch ein frohes neues Jahr!

g) Im Zoo sieht die Schulklasse Löwen Pinguine Giraffen sowie Elefanten.

	5

② **Finde im Text 10 Kommafehler, streiche sie durch und füge 9 fehlende Kommas ein.**

Endlich ist es soweit und die Freunde, aus der 6. Klasse stürmen aus ihrem Klassenzimmer. Heute ist der Tag an dem es Ferien gibt. Nea Lenny Nino, und Charly freuen sich, denn sofort geht es für sie in Richtung Schwimmbad. Kurze Zeit später kommen sie im großen neuen Schwimmbad an. Nea und Charly laufen zuerst auf die breite Wasserrutsche zu während Nino und Lenny sich am drei Meter hohen Sprungturm anstellen. Nachdem die Freunde, genügend Zeit im Wasser verbracht haben, gehen sie zum Kiosk. Dort essen sie Eis, Pizza, Pommes, und Fruchtspieße. Während des Essens entdecken sie, plötzlich Peter Nina Toni, sowie Hannes, die zielgerichtet zu den Handtüchern, und Rucksäcken der anderen Badegäste laufen, und offensichtlich nach Wertgegenständen suchen. Sofort stürmen die Freunde los, versuchen die andere Gruppe aufzuhalten, und zu vertreiben. Glücklicherweise sieht ein Badegast, oder sogar der Bademeister das verbotene Verhalten und stoppt Peter Nina Toni und Hannes gerade noch rechtzeitig.

	19

Du hast		**von 24 Punkten erreicht!**

Kommasetzung bei Subjekt- und Objektsätzen

Zunächst müssen wir klären, was eigentlich ein Subjekt- beziehungsweise ein Objektsatz ist.
Manchmal kommt es vor, dass ein ganzer Nebensatz Subjekt oder Objekt ist. Das bedeutet, dass das **Subjekt** der ganze Nebensatz in einem **Subjektsatz** ist. Gleiches gilt auch für das **Objekt**, denn das Objekt ist der ganze Nebensatz in einem **Objektsatz**.
Vor jedem Subjekt- und Objektsatz muss ein Komma gesetzt werden.

Beispiel:

Mich hat es gefreut, dass du mich eingeladen hast.

Nach dem Subjekt fragst du mit „Wer oder Was?“
→ Was hat mich gefreut? → Dass du mich eingeladen hast.

Wichtig:

Merke dir, dass du durch deine Frage nicht nur das Subjekt herausgefunden hast, sondern damit auch den vollständigen Nebensatz. Dieser Satz ist der Subjektsatz.

Kurz gesagt: Der ganze Nebensatz ist das Subjekt.

Um ein Objekt in einem Satz bestimmen zu können, fragst du mit „Wessen?“, „Wem?“ oder „Wen oder Was?“

Beispiel:

Ich bin mir bewusst, dass es wirklich sehr viel Geld kostet.
→ Wessen bin ich mir bewusst? → Dass es wirklich sehr viel Geld kostet.

Wichtig:

Merke dir, dass du durch deine Frage nicht nur das Objekt herausgefunden hast, sondern damit auch den vollständigen Nebensatz. Dieser Satz ist der Objektsatz.

Kurz gesagt: Der ganze Nebensatz ist das Objekt.

Kreuze an, ob es sich um einen Subjekt- oder Objektsatz handelt.

Satz	Subjektsatz	Objektsatz
Dass du das verstanden hast, freut mich.		
Wer viel arbeitet, der wird belohnt.		
Es macht mich glücklich, dass du dich gemeldet hast.		
Ich weiß, ich kann es schaffen.		

① **Setze in den folgenden Sätzen die Kommas und kreuze an, ob es sich um einen Subjekt- oder um einen Objektsatz handelt.**

Satz	Subjektsatz	Objektsatz
Er ist sich im Klaren darüber dass er Unsinn gemacht hat.		
Sie gesteht dass sie sein Geld verloren hat.		
Es ist doch klar dass ich nichts verrate.		
Die Zahnärztin zeigt wie schlecht seine Zähne sind.		
Wer zuletzt lacht lacht am besten.		
Wer in der Schule mündlich gut mitarbeitet bekommt eine gute mündliche Note.		
Die Lehrerin glaubt fest daran dass ihre Schüler die Prüfung schaffen.		
Der Vater ärgert sich darüber dass sein Sohn die Bahn verpasst hat.		
Einmal eine 1 zu schreiben das ist sein größter Traum.		
Sie hatten gesehen wie der Unfall passierte.		
Die Lehrerin hofft dass die Schüler den Stoff verstanden haben.		

② **Denke dir jeweils 3 Subjekt- und Objektsätze aus und schreibe sie auf die Linien.**

____

____

____

____

____

③ **Lest ein paar der Sätze aus Aufgabe ② in der Klasse laut vor. Eure Mitschüler müssen sagen, um welche Satzart es sich handelt.**

Verbinde die passenden Satzteile miteinander und schreibe auf den Verbindungsstrich ein S, wenn es sich um einen Subjektsatz handelt oder ein O, wenn es ein Objektsatz ist. Setze Kommas.

Beispiel:

Es ist verständlich,	S	dass er Rache möchte.

Ich sehe	ist morgens fit.
Ich rede	ist eine freundliche Person.
Ich wünsche mir	was hier steht.
Wer früh ins Bett geht	ob du es verstanden hast.
Wer viel lächelt	wenn du alleine lernst.
Es ist gut	dass er verschwindet.
Es ist schlecht	dass er sie noch immer liebt.
Und er merkte zu spät	mit wem ich will.
Der Lehrer möchte wissen	wenn du die Prüfung nicht bestehst.

① **Schreibe die Fragen auf, mit denen du nach den folgenden Satzgliedern fragst.**

a) Subjekt ______

b) Genitivobjekt ______

c) Dativobjekt ______

d) Akkusativobjekt ______

	4

② **Setze Kommas und entscheide, ob es sich um einen Subjekt- oder um einen Objektsatz handelt. Schreibe die Antwort auf die Linien.**

a) Ida glaubt dass sie ein Gespenst gesehen hat. ______

b) Sie fragt sich ob es noch Sinn macht. ______

c) Jungs denken oft dass sie besser als Mädchen sind. ______

d) Die Familie hofft dass sie im Lotto gewinnt. ______

e) Sie freut sich darüber dass sie ihre Eltern wiedersieht. ______

f) Ich wollte dass du ihn richtig kennenlernst. ______

g) Es ist doch klar dass wir zusammen in den Urlaub fahren. ______

h) Er erinnert sich daran dass er sein Geld im Rucksack hatte. ______

i) Wer ein Ziel hat findet seinen Weg. ______

j) Ich hasse es wenn Tiere leiden. ______

	20

③ **Setze Kommas, wenn notwendig.**

a) Ich glaube ich muss mich beeilen.

b) Mir ist klar dass ich lernen muss.

c) Alle wollen immer wissen wie es mir geht.

	3

Du hast		von 27 Punkten erreicht!

Kommasetzung bei Nebensätzen

Es muss zunächst geklärt werden, was man überhaupt unter einem Nebensatz versteht:

Ein Nebensatz ist ein Teil eines Satzes, der sich auf den Hauptsatz bezieht. Daher kann er nie alleine stehen. Ohne einen Hauptsatz ergibt ein Nebensatz keinen Sinn.

Doch wie erkennt man einen Nebensatz?

Ein Nebensatz wird durch ein bestimmtes Wort eingeleitet. Dies kann entweder
- eine Konjunktion (weil, damit, denn, ...) oder
- ein Pronomen (der, dessen, die, ...) sein.

Ein weiteres Erkennungsmerkmal eines Nebensatzes ist, dass das finite Verb im Nebensatz meist an der letzten Stelle steht.

Beispiel:

Frau Müller war die Lehrerin, die dir letztes Jahr die Regel bereits erklärt hat.
Hauptsatz — Einleitung mit Pronomen im Nebensatz und Verb an letzter Stelle

Wichtig:

- Das Komma trennt den Hauptsatz vom Nebensatz.
  → *Der Hund bellt, weil er den Briefträger nicht mag.*
- Das Komma trennt den Nebensatz vom Hauptsatz.
  → *Dass du die Regel verstanden hast, ist eine großartige Leistung!*
- Ein Hauptsatz, der einen Nebensatz einschließt, wird mit Kommas getrennt.
  → *Ich möchte, obwohl ich noch wütend auf dich bin, das gern mit dir klären.*

Achtung:

Zwischen zwei gleichrangigen Nebensätzen muss ein Komma gesetzt werden.

Beispiel:

Die Schüler müssen anders auf die Prüfungen vorbereitet werden, weil diese immer schwieriger werden, weil der Unterrichtsstoff immer mehr und die Zeit zum Lernen immer weniger wird.

Vervollständige die folgenden Sätze.

a) Ich mag Jungs, ______________________________.

b) Ich mag Mädchen, ______________________________.

① **Kreuze an, ob es sich um einen Haupt- oder Nebensatz handelt. Die Satzzeichen wurden bewusst weggelassen.**

	Hauptsatz	Nebensatz
weil sie sauer war		
sie möchte ihn gern wiedersehen		
als ich noch klein war		
dass du das damals wolltest		
glaube ich dir		
die du damals mochtest		
ob ich es pünktlich schaffe		
ich habe keine Idee		
da er schnell weg musste		
bevor ich es dir erkläre		

② **Ergänze zu jedem Satz aus Aufgabe ① einen passenden Haupt- oder Nebensatz. Denke an die Kommas!**

Beispiel: Weil sie sauer war, sperrte sie sich in ihrem Zimmer ein.

① **Unterstreiche die Nebensätze und setze Kommas.**

a) Der Dieb denkt dass er entkommen ist.

b) Ich habe gedacht dass ich mehr Freizeit habe.

c) Wenn ich mal groß bin möchte ich reich sein.

d) Ihr ist so kalt dass sie eine Wärmflasche braucht.

e) Seitdem er eine Freundin hat sieht er seine Freunde nur noch selten.

f) Wenn ich Geld habe gehe ich einen Tag lang shoppen.

g) Sie musste die Arbeit nachschreiben weil sie krank war.

h) Damit es dir schnell besser geht hole ich dir Medikamente.

i) Die Fußballfans feiern ihre Mannschaft wenn sie gewinnt.

j) Wir wissen jetzt dass diese Regel existiert.

k) Du kannst mir helfen indem du die Wohnung auch einmal aufräumst.

② **Vervollständige die folgenden Sätze mit einem Nebensatz und setze notwendige Kommas. Unterstreiche die Wörter, die den Nebensatz einleiten.**

a) Ich habe Geburtstag ____________________

b) Ich gehe ins Bett ____________________

c) Sie fliegt erst morgen früh ____________________

____

d) Er ist durchgefallen ____________________

e) Ich glaube dir ____________________

f) Mir ist so warm ____________________

g) Ich lerne Englischvokabeln ____________________

____

h) Tina kommt nicht mit ____________________

Kommasetzung bei Nebensätzen: Teste dich

① **Nenne fünf Wörter, mit denen ein Nebensatz eingeleitet werden kann.**

____ | | 5 |

② **Setze ein passendes Wort ein, mit dem du den Nebensatz einleiten kannst. Setze Kommas.** | | 10 |

Unterstreiche den Nebensatz.

a) Sie möchte ihn sehen ____________ sie ihm alles erklären kann.

b) Du wirst die Regeln verstehen ____________ du dir mehr Mühe gibst.

c) ____________ ich noch jung war habe ich mir noch nicht so viele Gedanken gemacht.

d) Ich bin sehr froh ____________ es Ferien gibt.

e) ____________ die Temperaturen niedrig sind genieße ich das Wetter im Freien. | | 5 |

③ **Setze in den folgenden Sätzen die Kommas.**

a) Bevor wir losfahren können muss ich noch meine Tasche holen.

b) Das Fußballspiel im Stadion gefiel mir gut obwohl ich mir mehr erhofft hatte.

c) Möchtest du wirklich jetzt schon wissen wie die Serie endet?

d) Damit wir unser Flugzeug pünktlich erreichen sollten wir uns rechtzeitig auf den Weg machen.

e) Der Junge der einige Tage verschwunden war ist endlich wieder zu Hause.

f) Das ständige Lernen um die Prüfungen zu schaffen macht mich echt fertig.

g) Musste das jetzt sein ihn so zu behandeln?

h) Sobald ich meine Eltern um Erlaubnis gefragt habe mache ich mich auf den Weg zu dir.

i) Ich möchte damit du meine Entscheidung verstehst mich mit dir treffen. | | 12 |

Du hast		von 32 Punkten erreicht!

Kommasetzung bei Relativsätzen

Als Relativsatz bezeichnet man einen Nebensatz, der durch ein Relativpronomen eingeleitet wird.

Folgende Relativpronomen gibt es:

- der, die, das
- dessen, deren
- dem, den
- welcher
- welche
- welches

} abhängig von Zahl und Geschlecht des Nomens

Der Relativsatz steht in Abhängigkeit zu einem Hauptsatz, denn das Relativpronomen bezieht sich immer auf ein Nomen.

Durch die Verwendung eines Relativsatzes beschreiben wir das Nomen näher oder geben Zusatzinformationen, ohne einen neuen Satz beginnen zu müssen.

Dabei kann es vorkommen, dass ein Relativsatz in einem Hauptsatz „eingeschlossen" ist, wodurch zwei Kommas gesetzt werden müssen.

Beispielsätze:

Das ist der Mann, der im Gefängnis saß.
Das ist die Frau, mit der ich eben gesprochen habe.
Das Gewitter, welches dir Angst gemacht hat, zog schnell vorüber.

Der zweite Beispielsatz zeigt, dass in manchen Fällen auch eine Präposition vor einem Relativpronomen stehen kann.

Achtung:

Es gibt auch das Relativpronomen „was", welches sich aber nie auf eine Person bezieht.

Beispiel:

Vieles, was er sagte, war eine große Lüge.

Achtung:

Neben den Relativpronomen gibt es auch Relativadverbien (wofür, wo, worüber, womit), die sich meist auf einen ganzen Satzteil beziehen.

Beispiel:

Meine Eltern sind immer für mich da, wofür ich ihnen unendlich dankbar bin.

① **Setze ein passendes Relativpronomen ein und setze notwendige Kommas.**

a) Das ist der Mann ______________ sie so unheimlich fand.

b) Das ist das Lied ______________ sie am liebsten hört.

c) Das ist der Lehrer ______________ dich durchfallen ließ.

d) Deinen Führerschein ______________ du nur mit viel Glück bekommen hast solltest du nicht aufs Spiel setzen.

e) Die erste große Liebe ______________ du erlebst wirst du nie vergessen.

f) Deine Lehrer ______________ du eigentlich magst nerven dich hin und wieder.

g) Das Mädchen ______________ du früher einmal warst ist erwachsen geworden.

h) Unsere Nachbarn ______________ Hund immer furchtbar bellt sind sehr freundlich.

i) Der Mann ______________ es sonst immer schlecht geht ist heute sehr gut drauf.

② **Schreibe beide Sätze als einen Relativsatz auf die Linien. Denke an die Kommas.**

Beispiel: Die Frau lächelt immer. Die Frau mag ich gern.
→ Die Frau, die immer lächelt, mag ich gern.

a) Der Mann ist schon 103 Jahre alt. Der Mann lebt noch zu Hause.

____

____

b) Dieser Schüler quengelt den ganzen Tag. Dieser Schüler ist sehr anstrengend.

____

____

c) Die Katze hat die ganze Nacht miaut. Die Katze war eingesperrt.

____

____

d) Der Einbrecher hinterließ viele Spuren. Der Einbrecher wurde gefasst.

____

____

① **Verbinde passende Satzteile miteinander und schreibe die Sätze mit einem passenden Relativpronomen auf die Linien. Denke an die Kommasetzung.**

1. Das ist die Frau	die ganze Nacht gebellt hat.
2. Das ist der Hund	sehr gefürchtet ist.
3. Hier ist die Baustelle	sehr teuer ist.
4. Das ist der Junge	sich ständig prügelt.
5. Das ist der Lehrer	gern Kleider trägt.
6. Das ist das Restaurant	jeden Morgen die Pendler zur Verzweiflung bringt.

② **Überlege dir drei Relativsätze und schreibe sie auf die Linien. Denke auch hier wieder an die Kommasetzung. Lest euch später eure Sätze laut in der Klasse vor.**

① **Schreibe fünf Relativpronomen auf die Linie.**

____ | | 5 |

② **Setze ein passendes Relativpronomen ein und setze die Kommas. Unterstreiche die Nebensätze.** | | 21 |

a) Das ist das Buch ____________ du mir ausgeliehen hast.

b) Das ist unsere Mannschaft ____________ Spieler total bemüht sind.

c) Ich bin deine Freundin ____________ dich öfter sehen möchte.

d) Das Konzert ____________ in Köln stattfindet ist restlos ausverkauft.

e) Unser Flug ____________ viel Verspätung hatte war am Ende sehr ruhig.

f) Der Film ____________ du mir empfohlen hattest gefiel mir leider überhaupt nicht.

g) Die Ohrringe ____________ du mir geschenkt hast habe ich schon oft getragen.

h) Die Freundinnen ____________ Eltern schon ewig befreundet sind haben immer öfter Streit. | | 8 |

③ **Schreibe beide Sätze als einen Relativsatz auf die Linien. Denke an die Kommas.**

a) Ich bin ein Mädchen. Ich liebe Spinnen und Ratten.

____

____

b) Die Freundinnen schreiben Bücher. Die Freundinnen kommen aus Frankfurt.

____

____

c) Unsere Freunde sind sechs Wochen lang im Urlaub. Unsere Freunde vermissen wir sehr.

____

____ | | 8 |

Du hast		von 42 Punkten erreicht!

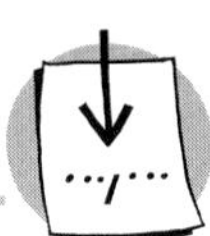

Kommasetzung bei Teilsätzen

Teilsätze werden dann mit einem Komma voneinander getrennt, wenn sie auch allein stehen könnten. Das heißt: Wenn der Teilsatz auch mit einem Punkt beendet werden kann, musst du ein Komma setzen.

Durch die Kommasetzung lassen sich manche Texte schöner und flüssiger lesen.

Beispiel:

Er kommt zu Hause an. Er wärmt sich sein Mittagessen auf. Er macht seine Hausaufgaben.
→ *Er kommt zu Hause an, wärmt sich sein Mittagessen auf und macht seine Hausaufgaben.*

Für die Kommasetzung bei Teilsätzen musst du dir Folgendes merken:

- Bei einem Satz, der durch das Zusammenfügen von zwei Teilsätzen entsteht, hast du meist zwei oder mehr konjugierte Verben.
- Nur die Teilsätze, die allein stehen können, trennst du mit einem Komma voneinander.
- Steht ein „und“, „oder“, „sowie“ oder „beziehungsweise“ zwischen den Teilsätzen, dann wird kein Komma gesetzt.

Achtung:

Wenn der Teilsatz eingeschoben ist, wird er von Kommas eingeschlossen.

Beispiel:

Du hast, das habe ich selbst gesehen, bei der Arbeit geschummelt.

Handelt es sich bei den folgenden Sätzen um Teilsätze?

Satz	ja	nein
..., weil ich sehe, ...		
... liegst du schon auf der Couch.		
... ich glaube, es war deine Katze, ...		

① **Formuliere die nachfolgenden Sätze um. Denke an die Kommasetzung.**

Beispiel: Das Baby fängt an zu schreien. Die Mama läuft zum Baby. Sie nimmt es auf den Arm. Das Baby beginnt zu lächeln.
→ *Als das Baby zu schreien anfängt, läuft die Mama zu ihrem Baby, nimmt es auf den Arm und das Baby beginnt zu lächeln.*

a) Der Wecker klingelt um 6 Uhr. Der Vater steht auf. Er geht ins Badezimmer. Der Vater zieht sich an.

____

____

b) Sie trank eine Flasche Wasser. Sie hatte großen Durst.

____

____

c) Der Hund geht spazieren. Überall schnüffelt er. Danach rennt er blitzschnell über eine Wiese.

____

____

d) Das Kind steht vor dem Fenster. Es sieht draußen seinen Papa laufen. Das Kind beginnt zu lachen. Das Kind winkt seinem Papa zu.

____

____

② **Schreibe wie in Aufgabe ① ebenfalls Teilsätze auf die Linien. Dein Partner soll die Sätze in seinem Heft richtig und mit notwendigen Kommas aufschreiben.**

____

____

____

____

____

____

____

____

① **Denke dir einen passenden eingeschobenen Teilsatz aus und schreibe ihn auf die Linie.**

Setze alle notwendigen Kommas.

a) Das Auto ____________________

fuhr die ganze Zeit schon viel zu schnell.

b) Der Hund ____________________

kläfft schon immer den Briefträger an.

c) In dem Supermarkt ____________________

gibt es immer die besten Angebote.

d) Auf dem Bauernhof ____________________

lernen immer mehr Kinder alles über die Tiere dort kennen.

e) Der Schüler hat ____________________

immer nur sehr gute Noten im Zeugnis.

f) Deine Eltern sollten ____________________

schon ganz lange einen Termin bei deinem Lehrer ausmachen.

② **Setze in den folgenden Sätzen die Kommas ein.**

a) Das Kindermädchen ich glaube sie heißt Ela ist sehr freundlich.

b) Die verschwundene Katze es war eine Hauskatze ist zum Glück wieder da.

c) Du hast ich weiß es ganz genau dir heimlich das Geld genommen.

d) Der Moderator zeigte ihm zuerst seinen Gewinn es war ein neues Auto danach folgte eine weitere Überraschung.

① **Richtig oder falsch? Kreuze an.**

Behauptung	richtig	falsch
Jeder Teilsatz wird mit einem Komma getrennt.		
Eingeschobene Teilsätze stehen immer zwischen Kommas.		
Bei einem Teilsatz gibt es nur ein konjugiertes Verb.		
Kein Komma wird bei „und“ und „oder“ und „beziehungsweise“ gesetzt.		
Durch die Kommasetzung lesen sich die Sätze nicht flüssiger.		
Du musst ein Komma setzen, wenn der Teilsatz auch mit einem Punkt beendet werden könnte.		

	6

② **Formuliere jeweils aus allen Teilsätzen nur einen vollständigen Satz.**

a) Es klingelt. Alle Schüler setzen sich auf ihre Plätze. Sie warten auf den Lehrer.

____

____

b) Ich komme nach Hause. Ich koche mir etwas zum Mittagessen. Ich setze mich an den Tisch. Ich beginne zu essen.

____

____

c) Der Handballspieler fängt den Ball. Er läuft dribbelnd zum Tor. Er täuscht bei seinem Gegenspieler kurz an. Er wirft den Ball blitzschnell ins Tor.

____

____

	8

③ **Setze alle notwendigen Kommas.**

a) Es wird Zeit so denke ich es mir dass sie bald eine Wohnung findet.

b) Mit schnellen Schritten ohne auf den Verkehr zu achten ging er über die Straße.

c) Das Telefon klingelte sie nahm ab und hörte nur ein seltsames Rauschen.

	5

Du hast		**von 19 Punkten erreicht!**

Kommasetzung bei der wörtlichen Rede

Wenn du einen Text schreibst, in dem Personen miteinander sprechen, musst du die wörtliche Rede verwenden.

Dabei hast du mehrere Möglichkeiten, wie du das Gespräch in der wörtlichen Rede aufschreibst.

1. Nils fragt: „War Snoopy schon im Wald spazieren?"
   Hier setzt du kein Komma.
2. „War Snoopy schon im Wald spazieren?", fragt Nils.
   Hier muss ein Komma gesetzt werden!
3. „Ich kann kaum glauben", sagt Nils verwundert, „dass Snoopy nicht spazieren war."
   Wenn du eine wörtliche Rede unterbrichst, dann müssen Anführungszeichen sowie Kommas gesetzt werden.

Kreuze an, ob die Satzzeichen in den folgenden Sätzen richtig gesetzt wurden. Korrigiere die falschen Sätze und schreibe diese mit allen richtigen Satzzeichen in dein Heft.

Satz	richtig	falsch
„Ich weiß nicht, was ich davon halten soll!" schreit Lisa sauer.		
„Kannst du mich denn gar nicht verstehen?, fragt sie Tom.		
„Wollen wir heute Abend ins Kino gehen" fragt er schüchtern.		
„Ich glaube nicht", antwortet Lisa böse „dass das eine gute Idee ist."		
„Bist du etwa immer noch sauer auf mich?", fragt Tom verwundert.		
„Ja", antwortet sie, „das kannst du laut sagen!"		
„Bitte, nimm doch endlich meine Entschuldigung an!" fleht Tom.		
„Na gut", sagt Lisa leise, „eine Chance gebe ich dir noch!"		

① **Setze die fehlenden Satzzeichen ein.**

a) Mia jammert Mir geht es total schlecht

b) Wann soll ich dich wecken fragt Tims Mutter.

c) Ich kann nicht verstehen sagt Leons Vater genervt dass es dir egal ist

d) Was wäre fragt Ninas Schwester neugierig wenn du morgen krank wärst

e) Schreiben wir morgen wirklich eine Deutscharbeit fragt Alan seine Mitschüler verwundert.

② **Ordne der Sprechblase den richtigen Begleitsatz zu, indem du alle Sätze mit den richtigen Satzzeichen auf die Linien schreibst.**

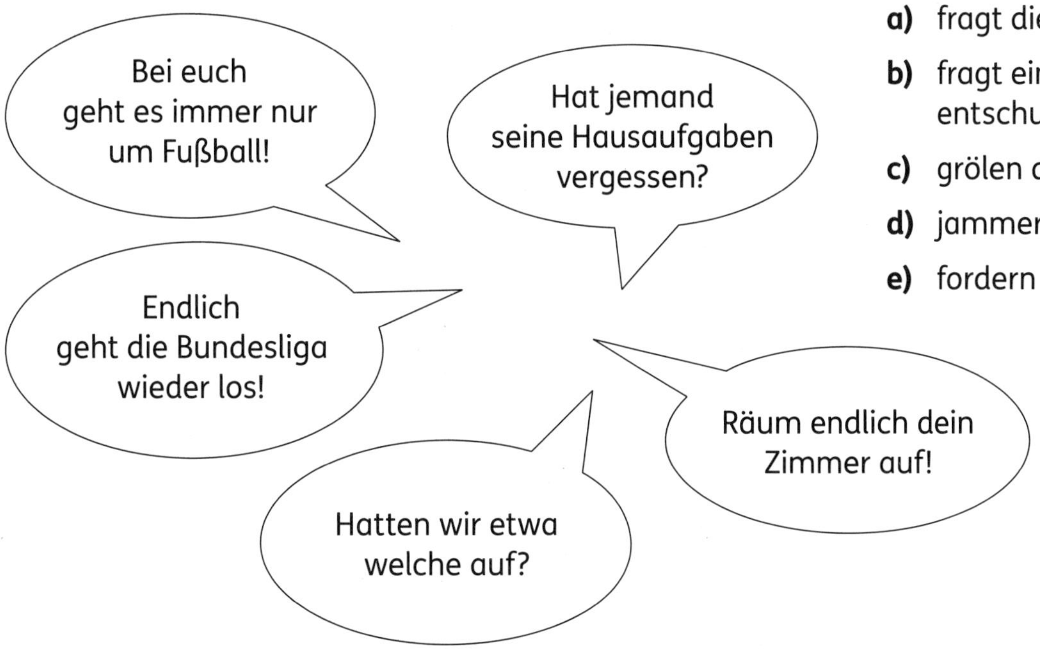

Bei euch geht es immer nur um Fußball!

Hat jemand seine Hausaufgaben vergessen?

Endlich geht die Bundesliga wieder los!

Räum endlich dein Zimmer auf!

Hatten wir etwa welche auf?

a) fragt die Lehrerin.

b) fragt ein Schüler entschuldigend.

c) grölen die Jungs.

d) jammern die Mädchen.

e) fordern die Eltern.

____

____

____

____

____

____

① **Setze ein passendes Wort in die Lücken und ergänze die fehlenden Satzzeichen.**

fragt ruft antwortet schreit schimpft jammert prahlt
jubelt seufzt behauptet

a) Mir ist so kalt __________________ Lea.

b) Ich bin der Beste __________________ Ali.

c) Kannst du mir vielleicht doch helfen __________________ Moritz seine Mama.

d) Ich komme erst gegen 19:00 Uhr nach Hause __________________ seine Ehefrau.

e) Ist jemand zu Hause __________________ Basti ängstlich.

f) Aua __________________ Elias vor Schmerz.

g) Musste das jetzt sein __________________ Fritzchens Mama.

h) Das war doch im Vorfeld schon klar __________________ Tim.

i) Ich habe endlich eine 1 in Deutsch geschrieben __________________ Martin.

j) Das Ende des Films war so traurig __________________ Maria.

② **Schreibe die folgenden Sätze in der wörtlichen Rede auf und formuliere den Begleitsatz dahinter.**

Beispiel: Elisa antwortet, dass sie einen Kakao trinken möchte.
→ „Ich möchte einen Kakao trinken“, antwortet Elisa.

a) Delila fragt, ob es kalt draußen ist.

____

b) Anton behauptete, dass er das ganze Wochenende gelernt habe.

____

c) Jana erzählt, dass sie für drei Wochen in den Urlaub fliegt.

____

① **Setze in den folgenden Sätzen die fehlenden Satzzeichen ein.**

a) Möchtest du nach deiner riesigen Portion wirklich noch ein Dessert essen fragt ihre Mama verwundert.

b) Ich habe wirklich ganz große Lust ins Kino zu gehen erklärt sie ihrem Freund ironisch.

c) Tor schreit der fußballbegeisterte Junge.

d) Soll ich euch in die Schule fahren fragt der Vater seine Kinder.

e) Wie sollen wir uns all diese Regeln nur merken jammern die Schüler laut.

f) Schreibst du heute die Deutscharbeit fragt die Mutter ihre Tochter oder ist es erst morgen soweit

g) Ich glaube kaum sagt die Schülerin traurig dass mein Lehrer mir das glauben wird.

h) Ich mag keinen Karneval behauptet sie das ist mir viel zu laut

	20

② **Schreibe die folgenden Sätze in der indirekten Rede auf.**

a) „Mir ist es“, jammert Liana, „viel zu heiß!“

____

b) „Ich bin schon wieder krank!“, klagt Maike.

____

c) „Brauchst du wirklich“, fragt Mama ihren Sohn ganz erstaunt und schaut ihn ungläubig an, „schon wieder ein neues Fahrrad?“

____

____

d) „Ich fahre bald auf mein erstes Reitturnier!“, jubelt Luisa.

____

	8

Du hast		**von 28 Punkten erreicht!**

Kommasetzung bei Appositionen

Für dieses Kapitel muss zunächst geklärt werden, was man unter einer Apposition versteht.

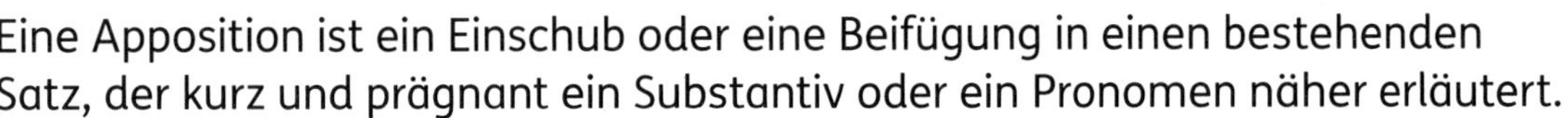

Eine Apposition ist ein Einschub oder eine Beifügung in einen bestehenden Satz, der kurz und prägnant ein Substantiv oder ein Pronomen näher erläutert.

Dies hört sich schwieriger an als es in Wirklichkeit ist.

Beispiel:

Snoopy, mein kleiner Hund, geht gern schwimmen.

In diesem Fall handelt es sich bei „mein kleiner Hund" um die Zusatzinformation, die zu dem Substantiv, in diesem Fall *„Snoopy"*, weitere Informationen liefert.

Der Einschub wird mit Kommas vom restlichen Satz getrennt.

Es gibt noch eine weitere Möglichkeit, eine Apposition im Satz stehen zu haben, nämlich dann, wenn die Apposition am Ende des Satzes steht.

Beispiel:

Das ist Snoopy, mein kleiner Hund.

Hier ist die Apposition wieder *„mein kleiner Hund"* und sie steht zwischen Komma und Punkt.

Ausnahmen:

- Man kann ein Komma nach einer Berufsbezeichnung setzen, muss aber nicht.
  → *Die ehemalige Grundschullehrerin (,) Frau Müller (,) hilft der Familie.*
  → Ausnahmen: Wenn die Person in Verbindung mit ihrem Beruf näher beschrieben wird, muss ein Komma gesetzt werden:
  Thorstens Vater, Architekt, plant die schönsten Häuser.
- Du setzt kein Komma, wenn die Apposition direkt zum Namen der Person gehört.
  → *Queen Elisabeth die Zweite ist seit 1952 Königin.*

Markiere die Appositionen in den Sätzen farbig.

a) Susi und Hans-Günter, meine Tante und mein Onkel, wohnen ganz in meiner Nähe.

b) Heidi, eine Hündin unserer Nachbarn, ist eine Dogge.

c) Mein Auto, ein Mercedes, braucht dringend eine Reinigung.

① **Setze in den folgenden Sätzen die fehlenden Kommas.**
Markiere die Appositionen farbig.

a) Herr Schmidt Leiter der Realschule ist heute krank.

b) Ich kenne Herrn Maier Leiter der Fußballabteilung schon sehr lange.

c) Herr Würz mein Tennistrainer sitzt gerade in einer Vorstandssitzung.

d) Robinchen mein kleines Kaninchen freut sich über den frischen Löwenzahn.

e) Ihr Freund Schnuckel ein flinkes Meerschweinchen frisst eine Karotte.

f) Sabrinas Mutter Friseurin macht die schönsten Frisuren.

g) Das Fahrrad gehört Karl dem Cousin meines Mannes.

h) Frau Artner die Anwältin meiner Freundin wird dich gleich treffen.

i) Teddy mein Schulhund macht einen großartigen Job in der Klasse.

j) Jonas unser Torwart hat super gehalten.

k) Ich habe mich heute mit Dennis einem guten Freund im Kino verabredet.

② **Bilde Sätze mit Appositionen und schreibe sie auf die Linien. Denke an die Kommas.**
Beispiel: Das ist meine Oma Christa. → Das ist Christa, meine Oma.

a) Meine Oma Christa liebt Rosen.

___

b) Mein Vater Michael bekommt bald ein neues Auto.

___

c) Mein Opa Walter geht mit seiner Hündin spazieren.

___

d) Meine Schwester Eva mit ihrem Babybauch steht vor dem Schaufenster.

___

___

e) Der kleine Hund Merlin mag gern Katzen.

___

① **Setze passende Satzteile als Appositionen in die Lücken ein. Denke an die Kommas.**

ein guter Freund	ihrem Fußballcoach	eine Turnerin	zwei Kindergartenfreunde
einem Zimmer im Keller der Sporthalle	einem speziellen Sporthotel		

Benni und Lias ______________________ freuen sich auf das Fußballcamp. Auch Toni ______________________ wird dabei sein. Gemeinsam fahren sie mit ihren Eltern für ein ganzes Wochenende weg. Im Fußballcamp ______________________ angekommen, beziehen alle zuerst ihre Zimmer. Danach treffen sich die Jungs mit Harry ______________________ und lernen die anderen Fußballer kennen. Während der ersten Trainingseinheit erblickt Benni ein Mädchen mit langen braunen Haaren. Später lernt Benni Tina ______________ im Restaurant kennen. Für den nächsten Tag verabreden sich die beiden Sportler im Aufenthaltsraum ______________________________ um in Ruhe eine Cola trinken zu können.

② **Denke dir selbst eine passende Apposition aus und schreibe sie in die Lücken. Setze anschließend die fehlenden Kommas.**

a) Theo ______________________________ war heute richtig gut.

b) Thomas Müller ______________________________ sieht man nur noch selten im TV.

c) Angela Merkel ______________________________ ist gerade in einer Sitzung.

d) Das Rezept meines Lieblingskuchens ______________________________ kennt nur meine Oma.

e) Mein Hund ______________________________ geht gern stundenlang im Wald spazieren.

f) Das sind Rocky und Locky ______________________________ meiner Schwester.

① **Richtig oder falsch? Kreuze an.**

Behauptung	richtig	falsch
Eine Apposition ist eine Beifügung oder ein Einschub.		
Eine Apposition steht immer am Anfang oder in der Mitte des Satzes, nie am Ende.		
Durch eine Apposition wird kurz und knapp eine Zusatzinformation geliefert.		
Eine Apposition kann als Einschub auch mitten im Satz stehen.		
Eine Apposition, die direkt zum Namen der Person gehört, wird mit Komma getrennt.		

	5

② **Setze in den folgenden Sätzen die Kommas.**

a) Herr Böse mein ehemaliger Englischlehrer war nie böse.

b) Frau Matjes unsere Nachbarin isst keinen Fisch.

c) Der Sonnenkönig Ludwig XIV. ein angeblich guter Tänzer wurde bereits als Kind zum König ernannt.

d) Unser Lieblingshotel ein bekanntes 4-Sterne-Hotel in Österreich ist leider schon ausgebucht.

e) Laura die Zwillingsschwester von Klara sieht ihr kaum ähnlich.

f) Mirja Klein meine Grundschulfreundin war immer die Größte in unserer Klasse.

g) Von seiner Lieblingsspeise Kartoffeln mit Wurst und Spinat konnte er noch nie genug bekommen.

h) Das Lieblingslied seines Kindes eines vierjährigen Jungen hört er schon den ganzen Tag.

	16

Du hast		**von 21 Punkten erreicht!**

Kommasetzung bei Infinitivgruppen

Als Infinitiv bezeichnet man die Grundform eines Verbs.

Beispiele:

gehen, laufen, sitzen, fahren, ...

Als eine Infinitivgruppe bezeichnet man ein Verb im Infinitiv plus das Wort „zu“ und einem weiteren (Signal) Wort → zu gehen, zu laufen, zu sitzen, zu fahren, ...

Es gibt folgende Signalwörter, die dir anzeigen, dass ein Komma gesetzt werden muss. Die Infinitive können sowohl im vorderen, als auch im hinteren Satzteil stehen.

- als
- außer
- (an)statt
- ohne
- um
- zu
- dafür
- damit
- es
- so

Beispiele:

Maria blieb nichts anderes übrig, als zu ihrem Chef zu gehen.
Anstatt die Wohnung zu putzen, lag ihr Freund lieber auf der Couch.

Ebenfalls muss ein Komma gesetzt werden, wenn sich die Infinitivgruppe auf ein Substantiv bezieht.

Beispiel:

Ihr Wille, die Klasse zu schaffen, spornte sie enorm an.

Wichtig:

Du musst immer ein Komma setzen, wenn der Sinn des Satzes auf unterschiedliche Weisen verstanden werden kann.

Bilde den Infinitiv der Verben.

sieht – ____________________

redet – ____________________

machst – ____________________

schreie – ____________________

① **Finde im Wortgitter 8 Signalwörter, die dir anzeigen, dass du ein Komma setzen musst.**

A	N	S	T	A	T	T	H	A	L
L	E	R	N	U	N	D	S	S	I
S	O	R	T	ß	N	I	O	A	U
R	A	T	V	E	N	M	W	M	M
D	B	U	I	R	N	A	I	I	L
A	L	O	P	W	R	R	E	S	T
F	A	O	D	E	R	M	A	R	P
Ü	N	H	U	I	D	A	M	I	T
R	G	N	Z	T	K	L	R	A	E
L	E	E	O	R	I	T	Z	E	N

② **Setze in den Sätzen die fehlenden Kommas.**

a) Er hat kein Geld um einkaufen zu gehen.

b) Sie zögerte die Entscheidung hinaus von der Schule abzugehen.

c) Sie dachte jetzt daran doch ihr Abitur zu machen.

d) Die Eltern verreisten mit dem Ziel sich einmal richtig zu erholen.

e) Jugendliche lieben es auch ohne störende Eltern zu verreisen.

f) Mir fällt nichts Schöneres ein als das ganze Wochenende im Bett zu verbringen.

g) Anstatt ihm die ganze Zeit nachzutrauern könntest du lieber versuchen ihn zu vergessen.

h) Er fuhr weiter ohne auf die rote Ampel zu achten.

i) Fang endlich an zu lernen statt den Kopf jetzt schon in den Sand zu stecken.

① **Bilde Infinitivsätze.**

Beispiel: In dem Restaurant darf nicht geraucht werden. Es ist strengstens verboten.
→ *Es ist strengstens verboten, in dem Restaurant zu rauchen.*

a) Während der Vorführung muss man leise sein. Es ist sehr wichtig.

____

____

b) Du musst mir die Regel noch einmal erklären. Es ist so wichtig.

____

____

c) Lach mich nicht aus! Dafür gibt es keinen Grund!

____

____

d) Ihr Freund wollte sie mit einem Geschenk überraschen. Er hat es zumindest versucht.

____

____

e) Der Auszubildende wollte sich einen Urlaub für 2.000 € leisten. Das ist zu viel.

____

____

f) Der Ehemann wollte sich schon immer einen zweiten Hund kaufen. Endlich konnte er seine Frau davon überzeugen.

____

____

② **Überprüfe, ob du in allen Sätzen aus Aufgabe ① die notwendigen Kommas gesetzt hast. Falls nicht, hole es jetzt nach.**

① **Setze in den nachfolgenden Sätzen die Kommas.**

a) Es ist mir nicht wichtig jeden Tag Blumen von dir zu bekommen.

b) Ich habe dich vor Tagen schon darum gebeten deine Wäsche in den Keller zu bringen.

c) Es macht doch keinen Sinn sich jeden Tag über deine Mitarbeiter zu ärgern.

d) Wir haben das Angebot bekommen doch noch kurzfristig in den Urlaub zu fahren.

e) Außer dir ist niemand bereit so viele Überstunden zu leisten.

f) Ohne mit der Wimper zu zucken log sie ihre Eltern weiterhin an.

g) Es fällt ihr überhaupt nicht schwer nicht jedes Wochenende feiern zu gehen.

h) Die Familie denkt darüber nach von Frankfurt nach Österreich auszuwandern.

i) Anstatt ihn davon überzeugen zu wollen dass er sein Abitur macht solltest du ihm lieber einmal richtig zuhören.

	10

② **Schreibe drei Signalwörter auf, die dir sagen, dass du ein Komma setzen musst.**

____

	3

③ **Bilde Sätze im Infinitiv und setze die Kommas.**

a) Wir werden keine noch heißeren Tage bekommen. Das halten viele für möglich.

____

____

b) Du musst es mir nicht hundertmal sagen. Es ist nicht nötig.

____

____

c) Mama geht jetzt zweimal in der Woche joggen. Ihre Kinder konnten sie endlich dazu überreden.

____

____

	6

Du hast		**von 19 Punkten erreicht!**

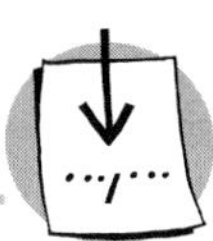

Kommasetzung bei Bitten und Ausrufen

Sprichst du eine Person mit deiner Bitte direkt an, so musst du hinter oder vor ihrem Namen ein Komma setzen.

Beispiel:

Ina, kannst du bitte das Fenster schließen? / Kannst du bitte das Fenster schließen, Ina?

Ebenso verhält es sich mit der Kommasetzung bei Ausrufen, auch Interjektionen genannt, denn auch hier musst du ein Komma setzen, wenn du deinen Ausruf besonders betonen willst. Gewöhnlich stehen diese Ausrufe am Anfang oder Ende des Satzes.

Beispiele:

Ach, das tut mir aber schrecklich leid!
Igitt, das schmeckt so widerlich!
Ja, mir geht es gut!

Möchtest du deinen Ausruf nicht besonders hervorheben, dann lässt du das Komma einfach weg.

Beispiel:

Ach das tut mir aber leid.

Achtung:

Das Wort „bitte“ kann sowohl vor einem Komma, als auch ohne Komma in einem Satz vorkommen. Wenn das „bitte“ besonders hervorgehoben sein soll, dann steht dahinter ein Komma.

Beispiele:

Bitte, sag mir doch endlich, was los ist!
Kannst du bitte das Fenster schließen?

Trenne die Wörter voneinander und schreibe die Sätze auf die Linien. Setze Kommas, wenn dies nötig ist.

„MaraschaujetztendlichnachdeinemkleinenBruder!“

____

____

„BringstdumirbitteeineColamitFinn?“

____

____

① **Markiere im Wortgitter alle 19 Interjektionen mit einem Farbstift.**

H	U	C	H	V	D	P	E	N	G
M	A	S	U	A	E	F	L	O	U
E	K	T	R	C	H	U	K	N	T
F	A	R	R	H	T	I	L	Ä	S
U	P	I	A	T	A	C	F	M	G
P	S	T	K	Y	D	W	B	U	U
O	K	A	Y	K	R	Q	Ä	H	M
I	Z	B	Ü	J	I	O	H	A	I
N	A	M	I	A	U	V	H	Z	T
G	L	M	I	S	T	E	A	U	A

② **Suche dir 5 Interjektionen heraus und schreibe 5 Sätze mit diesen Interjektionen auf die Linien. Denke an die Kommasetzung!**

③ **Kreuze an, ob die Satzzeichen in den folgenden Sätzen richtig gesetzt wurden.**

Satz	richtig	falsch
„Pfui, tu das sofort weg!“		
„Was möchtest du frühstücken mein, Schatz?“		
„Lara, und Lisa wollt ihr mit ins Kino fahren?“		
„Mist daran habe ich nicht gedacht!“		

① **Huch! Hier ist etwas durcheinandergeraten. Schreibe sinnvolle Sätze mit den Wörtern auf die Linien. Denke an die Kommasetzung und an die Satzzeichen der wörtlichen Rede.**

a) nicht das Verdammt ich wollte

____

b) war knapp Mensch das

____

c) du Donnerwetter warst so gut

____

d) wollte dir ich sagen Ähm sagen was noch

____

② **Unterstreiche alle Interjektionen in Aufgabe ①.**

③ **Bilde sinnvolle Sätze und schreibe sie auf die Linien. Setze notwendige Kommas und an die Satzzeichen der wörtlichen Rede..**

Beispiel: Du fragst Robin, ob er dir einen Stift leihen kann.
→ Robin, kannst du mir einen Stift leihen?

a) Du fragst Sandra, ob sie dein Buch eingepackt hat.

____

b) Du fragst Sandro, ob er dir ein Eis mitbringen kann.

____

c) Du bejahst, dass es dir schlecht geht.

____

d) Du bittest darum, dass Max dir Mathe noch einmal erklärt.

____

① **Richtig oder falsch? Kreuze an.**

Behauptung	richtig	falsch
Sprichst du eine Person mit deiner Bitte direkt an, so musst du hinter oder vor ihrem Namen ein Komma setzen.		
Als Interjektion wird ein Ausruf bezeichnet.		
Ausrufe stehen meistens am Satzanfang oder am Ende des Satzes.		
Hinter jeder Interjektion muss ein Komma gesetzt werden.		
Bei dem Wort „bitte“ muss immer ein Komma gesetzt werden.		
Bei einer besonderen Hervorhebung wird kein Komma gesetzt.		

	6

② **Schreibe fünf Interjektionen auf die Linie.**

____

	5

③ **Setze in den folgenden Sätzen notwendige Kommas.**

a) „Ja mir geht es super!“

b) „Bitte bring mir doch endlich ein Glas Wasser!“

c) „Mama ich muss dir danken!“

d) „Papa kannst du bitte das Fenster schließen?“

e) „Igitt das ist so eklig!“

f) „Pfui was stinkt es hier!“

g) „Hach was war das so einfach!“

h) „Pst unser Baby schläft jetzt endlich!“

i) „Erzähl mir bitte alle Neuigkeiten Jessi!“

j) „Ähm war das echt dein Ernst?“

k) „Mist das habe ich total vergessen!“

	11

Du hast		von 22 Punkten erreicht!

Kommasetzung bei Termin-, Orts- und Adressangaben

Beim Schreiben eines Textes mit Datum und Wochentag musst du immer Kommas setzen. Nach dem Kalendertag kannst du selbst entscheiden, ob du ein Komma setzt.

Beispiele:

Ich lade dich herzlich zu meinem Geburtstag am Samstag, dem 30.03.2019 ein.

Maries Entbindungstermin ist am Samstag, dem 8. Juni 2019.

Emmas Geburtstagsfeier am Freitag, dem 13. April (,) beginnt um 15 Uhr.

Sonntag, 28.07.2019 …

Achtung:

Kein Komma wird gesetzt, wenn du nur eine Termin-, Datums- oder Ortsangabe hast.

Beispiele:

Am Samstag treffen wir uns am Bahnhof.

Evi hat am 22. Februar Geburtstag.

Wenn du eine mehrteilige Ortsangabe hast, muss ein Komma gesetzt werden.

Beispiel:

Sie wohnt in Darmstadt, Frankfurter Straße.

Achtung:

Kein Komma wird gesetzt, wenn du eine einteilige Ortsangabe hast.

Beispiel:

Die Freundinnen fahren nach Köln.

Wenn in einem Text ein Datum und eine Ortsangabe zusammenstehen, muss ein Komma gesetzt werden.

Beispiel:

Frankfurt, den 10.11.2019

① **Kreuze an, ob die Satzzeichen in den folgenden Sätzen richtig gesetzt wurden.**

Satz	richtig	falsch
Du bist am Sonntag, dem 24.10. unterwegs.		
Möchtest du am Montag, nach Frankfurt kommen?		
Ich lade dich am Samstag, ein.		
Ich wohne in Berlin, Leipziger Straße.		
Gießen, den 06.08.2019		
Wollen wir am Freitag, um 20:00 Uhr ins Kino gehen?		
Was hältst du von Eishockey am, Montag?		
Meine Eltern fahren am 9. September in den Urlaub.		
Am Montag, dem 14. August, beginnt die Schule.		
Ihr Geburtstag ist, am 30.03.		

② **Du schreibst eine Einladungskarte und möchtest deinen Freund / deine Freundin zu deiner Geburtstagsfeier einladen. In deinem Text musst du Kommas setzen. Achte deswegen auf deine Formulierungen. Folgende Informationen musst du in deinem Text erwähnen.**

Freitag	26. Juli	19:30 Uhr	bei mir zu Hause	Absagen bis Freitag	19. Juli

Liebe/r ______________________,

____

____

____

____

____

Dein/e ______________________

① **Setze in den folgenden Sätzen Kommas, wenn dies nötig ist.**

a) Liebe Freunde unsere Veranstaltung findet am Montag dem 26.10. in Berlin statt.

b) Bitte seid pünktlich um 12:00 Uhr dort.

c) Von dort aus geht es nach Köln Bachstraße.

d) Wenn du nicht teilnehmen kannst dann melde dich bis Montag dem 05.10. für deine Absage.

② **Huch! Hier ist etwas durcheinandergeraten. Schreibe sinnvolle Sätze mit den Wörtern auf die Linien. Denke an die Kommasetzung, wenn dies nötig ist.**

a) Freitag Hund muss Mein am 4. September Tierarzt zum dem

____

b) für Konzertkarten die 06.12. Samstag dem Vorbestellung Die erst am startet

____

____

c) 24.12. am Jahr Jedes Heiligabend ist

____

d) Eltern Klassenfahrt am dem die Liebe Kinder Montag 27.05. fahren auf

____

____

e) erst Uhr Ich gegen 18:00 komme Hause nach

____

① **Richtig oder falsch? Kreuze an.**

Behauptung	richtig	falsch
Ein Komma wird gesetzt, wenn du nur eine Termin-, Datums- oder Ortsangabe hast.		
Wenn du in einem Text ein Datum und eine Ortsangabe hast, muss ein Komma gesetzt werden.		
Das Komma wird gesetzt, wenn in dem Text ein Wochentag und Datum zusammen genannt werden.		
Bei einer mehrteiligen Ortsangabe wird ein Komma gesetzt.		
Kein Komma wird gesetzt, wenn du eine einteilige Ortsangabe hast.		

	5

② **Setze in den folgenden Sätzen Kommas, wenn dies unbedingt nötig ist.**

a) Die Grillfeier am Samstag dem 15. Juli entfällt wegen des schlechten Wetters.

b) Das Turnier geht von Freitag bis Sonntag.

c) Am Mittwoch dem 03.10. ist deutschlandweit Feiertag.

d) Möchtest du mich nach München begleiten?

e) Hamburg den 30. April 2012

f) Die Band spielt am 29.11. für 2,5 Stunden.

	6

③ **Richtig oder falsch? Kreuze an.**

Behauptung	richtig	falsch
Am Samstag, dem 23.09. erwartet sie ihr erstes Kind.		
Am Samstag treffen wir uns beim Griechen.		
Familie Schneider soll Freitag den 23.12. wieder zurück sein.		

	3

Du hast		von 14 Punkten erreicht!

Kommasetzung bei Anrede, Begrüßungen und Verabschiedungen

Wenn du eine Person direkt ansprichst, musst du den Namen mit einem Komma vom restlichen Satz abtrennen.

Beispiel:

„Sina, das hast du sehr gut gemacht!"
„Das habt ihr toll gemacht, meine Kinder!"

Wenn du in einem Brief die Anrede benutzt, trennst du sie mit einem Komma ab und beginnst deinen Satz im nächsten Abschnitt.

Beispiele:

Sehr geehrte Damen und Herren, ...
Mein lieber Schatz, ...

Handelt es sich um keine so förmliche Anrede, wird das Komma nur hinter den Namen gesetzt.

Beispiel:

Hallo (,) liebe Eltern,

Das Komma darf auch hinter „Hallo" gesetzt werden, muss es aber nicht.

Achtung:

Wenn du dich in einem Brief oder Text verabschiedest, dann setzt du kein Komma!

Beispiele:

Freundliche Grüße
Max Mustermann

Wurde das Komma richtig gesetzt? Kreuze an.

Anrede und Begrüßung	richtig	falsch
Hallo, liebe Mama		
Sehr, geehrter Herr Kaiser		
Henry, fahr sofort langsamer!		
Das freut mich für euch, meine Lieben!		
Das haben Sie, Frau Kling, sehr gut gemacht!		

① **Ups! Hier ist etwas durcheinandergeraten. Schreibe sinnvolle Sätze mit den Wörtern auf die Linien. Setze Kommas, wenn diese nötig sind.**

a) ich mich Eltern auf den Liebe freue Elternabend

____

____

b) geehrte und Damen vielen für Herren Ihre Sehr Dank Nachricht

____

____

c) sofort Laura nach komm Hause

____

____

d) Mila alles zu Liebe zweiten Geburtstag und Gute Liebe deinem

____

____

e) Grüße Kinder Klasse 4 Liebe der die

____

____

② **Schreibe drei eigene Anreden oder Begrüßungen auf die Linien.**

____

____

____

____

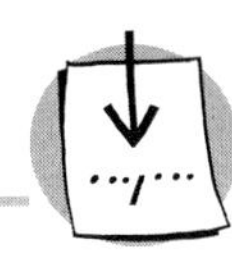

① **Stimmen die folgenden Anreden, Begrüßungen und Verabschiedungen? Verbessere sie, wenn du „falsch“ angekreuzt hast.**

Satz	richtig	falsch	Verbesserung
Sehr geehrte Frau Neu,			
Liebes Schwesterherz			
Sonja,			
Kai			
Hallo Kim			
Mein, lieber Schatz,			
Hallo, Herr Maier			
Freundliche, Grüße			
Mit freundlichen Grüßen,			
Viele, liebe Grüße,			

② **Schreibe eine mögliche Anrede für einen Brief oder eine E-Mail auf die Linien, wenn du**

a) ... deiner Mama ____________________

b) ... einer Lehrerin ____________________

c) ... einer unbekannten Person ____________________

d) ... einer Freundin ____________________

schreibst.

③ **Schreibe eine mögliche Verabschiedung für einen Brief oder eine E-Mail auf die Linien, wenn du**

a) ... deiner Mama ____________________

b) ... einem Lehrer ____________________

c) ... einer unbekannten Person ____________________

d) ... einem Freund ____________________

schreibst.

① **Setze in den folgenden Sätze Kommas, wenn es nötig ist.**

a) Liebe Maja ich freue mich so sehr für dich!

b) Hallo Hans vielen Dank für deine nette Nachricht.

c) Sehr geehrte Damen und Herren ich möchte Sie über Folgendes in Kenntnis setzen.

d) Hallo liebe Freunde ich möchte euch von Herzen danken!

e) Hallo Herr Schmitz bezüglich Ihrer Nachfrage melde ich mich bei Ihnen.

f) Herzliche Grüße
Sabrina Kreuz

g) Ich wünsche ein schönes Wochenende und verbleibe mit lieben Grüßen
Kaja Wolf

h) Freundliche Grüße
Ihr Theo Weimar

	5

② **Schreibe eine mögliche Anrede für einen Brief oder eine E-Mail auf die Linien, wenn du**

a) ... deiner Oma ______________________

b) ... einer Freundin ______________________

c) ... einer unbekannten Person ______________________

schreibst.

	4,5

③ **Schreibe eine mögliche Verabschiedung für einen Brief oder eine E-Mail auf die Linien, wenn du**

a) ... deiner Oma ______________________

b) ... einer Freundin ______________________

c) ... einer unbekannten Person ______________________

schreibst.

	4,5

Du hast		**von 14 Punkten erreicht!**

Kommasetzung bei Konjunktionen

Als Konjunktionen bezeichnet man Bindewörter, die einzelne Wörter oder (Teil-) Sätze miteinander verbinden. Hier sind einige Konjunktionen aufgelistet, bei denen man ein Komma setzen muss:

- aber
- allein
- außer
- bis
- denn
- doch/jedoch
- einerseits ... andererseits
- falls
- indem
- obwohl
- sondern
- trotzdem
- weil
- wenn

Bei folgenden Konjunktionen steht kein Komma:

- beziehungsweise
- entweder ... oder
- oder
- sowie
- sowohl ... als auch
- und
- weder

Ein Sonderfall ist die Konjunktion „wie“:

- Kein Komma wird gesetzt, wenn nur Satzteile verglichen werden. Beispiel: Meine Katze ist so alt wie deine.
- Ein Komma muss gesetzt werden, wenn „wie“ einen untergeordneten Nebensatz einleitet. Beispiel: Meine Katze ist so alt, wie deine vor ein paar Jahren war.

Finde die 12 Konjunktionen und markiere sie farbig.

S	E	I	T	D	E	M	O	A	B
E	K	N	T	O	H	I	U	L	I
D	A	D	U	D	E	N	N	S	S
A	S	E	R	E	V	M	D	O	C
S	L	M	S	R	A	R	I	O	B
S	P	L	A	B	E	R	D	D	I

① **Finde alle Konjunktionen und markiere sie farbig.**

a) wohnenbisfallsdenkenalleinaußenaußersondernlebeneinerseitswissenwiesowohl

b) jederfallstrotzdemlenkensagenwissenschauengroßobwohloderrodelnlenkbar

c) sonderbarsowiejedochwollenalswirkenhängendwederwinkendverabschiedenlesen

② **Schreibe nun alle Konjunktionen aus Aufgabe ① auf die Linien.**

bis, falls, außer, sondern, einerseits, wie, sowohl, falls, trotzdem, obwohl, oder, sowie, jedoch, als, weder

③ **Streiche die falsche Konjunktion durch und setze die passende Konjunktion in die Lücke ein. Setze ein Komma, falls nötig.**

~~weil~~ obwohl	Ich habe leider keine Zeit, *obwohl* ich dich gern sehen möchte.
~~als~~ bevor	Wir müssen uns sehen, *bevor* du einen Fehler machst.
und ~~oder~~	Nicolas hat keine Arbeit *und* auch kein Geld.
~~wenn~~ denn	Lea und Zoe verabreden sich zum Sport, *denn* er macht ihnen großen Spaß.

Kommasetzung bei Konjunktionen: Arbeitsblatt II

① **Setze die passende Konjunktion aus dem Kasten ein. Jede Konjunktion darf nur einmal verwendet werden. Setze Kommas, wo es nötig ist.**

damit	oder	dann	obwohl	dass	deswegen	da	aber	indem	und

a) Ich habe mich geärgert, *dass* du dich nicht gemeldet hast.

b) Maria hätte eine bessere Note schreiben müssen, *da* sie viel gelernt hat.

c) Timo ruft dich später an, *damit* er dir die Hausaufgaben sagen kann.

d) Das Auto hat Ina nicht gefallen, *deswegen* hat sie es nicht gekauft.

e) Das Kind hat nicht geweint, *obwohl* es sich stark verletzt hat.

f) Erledige erst die Hausaufgaben, *dann* kannst du Besuch bekommen.

g) Ich habe mich bedankt, *indem* ich ihr eine Packung Pralinen geschickt habe.

h) Möchtest du erst ins Kino gehen *oder* direkt ins Restaurant?

i) Auf dem Einkaufszettel stehen Bananen, Joghurts *und* Nudeln.

j) Ich wollte den Film nicht schauen, *aber* dir war es ja wichtig.

② **Setze eine passende Konjunktion und wenn nötig auch ein Komma ein.**
(individuelle Lösung)

a) Das Baby malte die ganze Wand an, ______ es der Vater bemerkte.

b) Sie gab alles, ______ ihre Eltern stolz auf sie sein konnten.

c) Der Sommer war warm, ______ wir deine Tante besuchten.

© PERSEN Verlag 3

Kommasetzung bei Konjunktionen: Teste dich

① **Schreibe fünf Konjunktionen auf die Linie.**
(individuelle Lösung) | 5

② **Setze eine passende Konjunktion ein. Denke an Kommas, falls es nötig ist.**
(individuelle Lösung, hier werden Beispiele gegeben.)

a) Ich liebe dich, *obwohl* du mich auch manchmal nervst.

b) Bernd, Fred *und* Nick waren schon da. | 4

③ **Verbinde die beiden Sätze mit einer passenden Konjunktion. Schreibe den Satz auf die Linien. Denke an notwendige Kommas.**

a) Das Baby schreit nachts viel. Es hat viel Milch getrunken.
Das Baby schreit nachts viel, obwohl es viel Milch getrunken hat.

b) Maraika fühlt sich zu dick. Sie trainiert im Fitnessstudio.
Maraika fühlt sich zu dick, deswegen trainiert sie im Fitnessstudio.

c) Ihre Eltern waren mit dem Kreuzfahrtschiff unterwegs. Der Kapitän hatte Geburtstag.
Ihre Eltern waren mit dem Kreuzfahrtschiff unterwegs, als der Kapitän Geburtstag hatte.

d) Die Geschwister kaufen ein großes Geschenk in der Stadt. Ihre Mama hat Geburtstag.
Die Geschwister kaufen ein großes Geschenk in der Stadt, da ihre Mama Geburtstag hat.

e) Antonia geht früh ins Bett. Sie möchte für ihre Fahrprüfung ausgeschlafen sein.
Antonia geht früh ins Bett, weil sie für ihre Fahrprüfung ausgeschlafen sein möchte. | 10

Du hast ___ von 19 Punkten erreicht!

© PERSEN Verlag 4

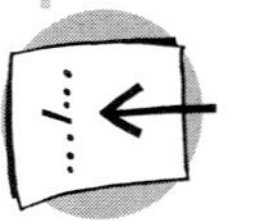

Kommasetzung bei Aufzählungen

Bei Aufzählungen muss nicht immer ein Komma gesetzt werden.
Du musst bei der Kommasetzung beachten, ob es sich um gleichrangige Wörter handelt oder nicht.
Dies hört sich schwieriger an als es tatsächlich ist.

Beispiel:

Viele Kinder essen an Halloween die süßen, klebrigen Süßigkeiten.

Hier muss ein Komma gesetzt werden, denn es sind gleichrangige Adjektive.
Doch wie findet man heraus, ob die Adjektive gleichrangig sind?
Um dies zu erkennen, gibt es unterschiedliche Möglichkeiten.
Du kannst ...

1. ein „und" zwischen die Adjektive setzen.
   → *Viele Kinder essen an Halloween die süßen und klebrigen Süßigkeiten.*
2. die Adjektive in ihrer Reihenfolge vertauschen.
   → *Viele Kinder essen an Halloween die klebrigen, süßen Süßigkeiten.*

Wichtig:

Das Komma muss gesetzt werden, wenn sich durch diese Möglichkeiten der Sinn des Satzes nicht verändert!

Bei nicht gleichrangigen Wörtern wird kein Komma gesetzt.

Beispiel:

Marlies sieht gern den witzigen deutschen Comedian.

Hier darf kein Komma stehen, denn es handelt sich um nicht gleichrangige Adjektive:

Der „deutsche Comedian" ist eine feste Verbindung aus Adjektiv und Substantiv und wird durch das Adjektiv „witzig" näher bestimmt. Die Probe mit „und" zeigt außerdem, dass der neue Satz keinen Sinn ergibt: „Der witzige und deutsche Comedian".

Ansonsten gilt, dass man vor „und", „oder" und „sowie" kein Komma setzt.

Entscheide, ob die Kommas richtig gesetzt wurden.

Satz	richtig	falsch
Sina kauft Quark, Beeren und Honig ein.	✗	
Ich lese ein witziges, deutsches Buch.		✗

① **Setze in dem folgenden Text alle fehlenden Kommas.**

In der Schule finden wir verschiedene Personen: So gibt es beispielsweise Lehrer, Schüler, Hausmeister, Sekretärinnen und Eltern. Eltern kommen aus verschiedenen Gründen in die Schule. Sie holen ihr Kind ab oder haben einen Termin mit einem Lehrer.

Im Klassenraum gibt es viele verschiedene Gegenstände. Man findet in ihm eine Tafel oder ein Smartboard, Kreide oder spezielle Stifte, einen Schwamm oder ein Tuch. Außerdem gibt es Tische, Stühle, Bänke, Schränke sowie ein Lehrerpult.

Oftmals herrscht in vielen Klassen ein totales Chaos. Überall liegen Hefte, Stifte, Bücher und Mappen herum.

Manche Lehrerin und mancher Lehrer werden bei so einer Unordnung wütend.

Denn alle wollen in einem sauberen, schönen Klassenraum sein.

② **Ergänze die folgenden Sätze mit passenden Wörtern und setze fehlende Kommas.**
(individuelle Lösung)

a) Ich esse gern ________, ________ und ________.

b) ________, ________ sowie ________ mag ich überhaupt nicht.

c) Ich finde ________, ________ und ________ gut.

d) Mit meinen Freunden ________, ________ und ________ treffe ich mich gern.

e) Magst du lieber mit ins/zum ________ kommen oder doch lieber ins/zum ________________?

f) Meine Hobbys sind ________, ________ und ________.

g) In den Ferien mache ich gern folgende Dinge: ________, ________ und ________.

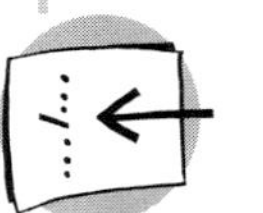

Kommasetzung bei Aufzählungen: Arbeitsblatt II

① **Entscheide, ob die Kommas richtig gesetzt wurden.**

Satz	richtig	falsch
Die Jugendlichen freuen sich auf die Sommerferien, ausschlafen, und viel Freizeit.		✗
Ihm war es egal, ob es Pizza, Schnitzel, oder Burger zu essen gab.		✗
In den Großstädten gibt es viele Menschen, Hochhäuser und Restaurants.	✗	
Das kalte, regnerische Wetter gefällt mir überhaupt nicht.	✗	
Ich habe den Namen des bekannten deutschen Sängers vergessen.	✗	

② **Bilde mit den vorgegebenen Wörtern einen Satz und schreibe ihn auf die Linien. Setze Kommas, wenn dies nötig ist.**

Äpfel Ich noch Bananen brauche Joghurt und Kiwis

Ich brauche noch Äpfel, Bananen, Kiwis und Joghurt.
(individuelle Reihenfolge der Einkäufe)

sind Singen Nähen Ihre Joggen Hobbys und

Ihre Hobbys sind Singen, Nähen und Joggen.

und getanzt gelacht zusammen Wir geweint haben

Wir haben zusammen geweint, gelacht und getanzt.
(individuelle Reihenfolge der Verben)

Kommasetzung bei Aufzählungen: Teste dich

① **Setze Kommas, wenn diese nötig sind.**

a) Lia trifft ihre Freundinnen Anna, Anne und Sarah.
b) Hannah spielt gern Karten und Brettspiele.
c) Ich mag meine schöne, neue Tasche.
d) Unsere Lehrerin ist eine freundliche, hilfsbereite Person.
e) Isst du lieber Pizza, Nudeln oder Schnitzel?
f) Wir wünschen euch ein frohes neues Jahr!
g) Im Zoo sieht die Schulklasse Löwen, Pinguine, Giraffen sowie Elefanten.

	5

② **Finde im Text 10 Kommafehler, streiche sie durch und füge 9 fehlende Kommas ein.**

Endlich ist es soweit und die Freunde~~,~~ aus der 6. Klasse stürmen aus ihrem Klassenzimmer. Heute ist der Tag, an dem es Ferien gibt. Nea, Lenny, Nino~~,~~ und Charly freuen sich, denn sofort geht es für sie in Richtung Schwimmbad. Kurze Zeit später kommen sie im großen, neuen Schwimmbad an. Nea und Charly laufen zuerst auf die breite Wasserrutsche zu, während Nino und Lenny sich am drei Meter hohen Sprungturm anstellen. Nachdem die Freunde~~,~~ genügend Zeit im Wasser verbracht haben, gehen sie zum Kiosk. Dort essen sie Eis, Pizza, Pommes~~,~~ und Fruchtspieße. Während des Essens entdecken sie~~,~~ plötzlich Peter, Nina, Toni~~,~~ sowie Hannes, die zielgerichtet zu den Handtüchern~~,~~ und Rucksäcken der anderen Badegäste laufen~~,~~ und offensichtlich nach Wertgegenständen suchen. Sofort stürmen die Freunde los, versuchen die andere Gruppe aufzuhalten~~,~~ und zu vertreiben. Glücklicherweise sieht ein Badegast~~,~~ oder sogar der Bademeister das verbotene Verhalten und stoppt Peter, Nina, Toni und Hannes gerade noch rechtzeitig.

	19

Du hast		von 24 Punkten erreicht!

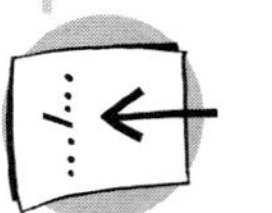

Kommasetzung bei Subjekt- und Objektsätzen

Zunächst müssen wir klären, was eigentlich ein Subjekt- beziehungsweise ein Objektsatz ist.
Manchmal kommt es vor, dass ein ganzer Nebensatz Subjekt oder Objekt ist.
Das bedeutet, dass das **Subjekt** der ganze Nebensatz in einem **Subjektsatz** ist.
Gleiches gilt auch für das **Objekt**, denn das Objekt ist der ganze Nebensatz in einem **Objektsatz**.
Vor jedem Subjekt- und Objektsatz muss ein Komma gesetzt werden.

Beispiel:

Mich hat es gefreut, dass du mich eingeladen hast.

Nach dem Subjekt fragst du mit „Wer oder Was?"
→ Was hat mich gefreut? → Dass du mich eingeladen hast.

Wichtig:

Merke dir, dass du durch deine Frage nicht nur das Subjekt herausgefunden hast, sondern damit auch den vollständigen Nebensatz. Dieser Satz ist der Subjektsatz.

Kurz gesagt: Der ganze Nebensatz ist das Subjekt.

Um ein Objekt in einem Satz bestimmen zu können, fragst du mit „Wessen?", „Wem?" oder „Wen oder Was?"

Beispiel:

Ich bin mir bewusst, dass es wirklich sehr viel Geld kostet.
→ Wessen bin ich mir bewusst? → Dass es wirklich sehr viel Geld kostet.

Wichtig:

Merke dir, dass du durch deine Frage nicht nur das Objekt herausgefunden hast, sondern damit auch den vollständigen Nebensatz. Dieser Satz ist der Objektsatz.

Kurz gesagt: Der ganze Nebensatz ist das Objekt.

Kreuze an, ob es sich um einen Subjekt- oder Objektsatz handelt.

Satz	Subjektsatz	Objektsatz
Dass du das verstanden hast, freut mich.	✗	
Wer viel arbeitet, der wird belohnt.	✗	
Es macht mich glücklich, dass du dich gemeldet hast.	✗	
Ich weiß, ich kann es schaffen.		✗

① **Setze in den folgenden Sätzen die Kommas und kreuze an, ob es sich um einen Subjekt- oder um einen Objektsatz handelt.**

Satz	Subjektsatz	Objektsatz
Er ist sich im Klaren darüber, dass er Unsinn gemacht hat.		✗
Sie gesteht, dass sie sein Geld verloren hat.		✗
Es ist doch klar, dass ich nichts verrate.	✗	
Die Zahnärztin zeigt, wie schlecht seine Zähne sind.		✗
Wer zuletzt lacht, lacht am besten.	✗	
Wer in der Schule mündlich gut mitarbeitet, bekommt eine gute mündliche Note.	✗	
Die Lehrerin glaubt fest daran, dass ihre Schüler die Prüfung schaffen.		✗
Der Vater ärgert sich darüber, dass sein Sohn die Bahn verpasst hat.		✗
Einmal eine 1 zu schreiben, das ist sein größter Traum.	✗	
Sie hatten gesehen, wie der Unfall passierte.		✗
Die Lehrerin hofft, dass die Schüler den Stoff verstanden haben.		✗

② **Denke dir jeweils 3 Subjekt- und Objektsätze aus und schreibe sie auf die Linien.**

(individuelle Lösung)

③ **Lest ein paar der Sätze aus Aufgabe ② in der Klasse laut vor. Eure Mitschüler müssen sagen, um welche Satzart es sich handelt.**

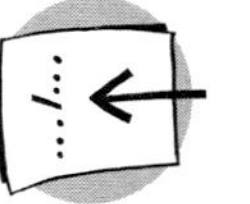

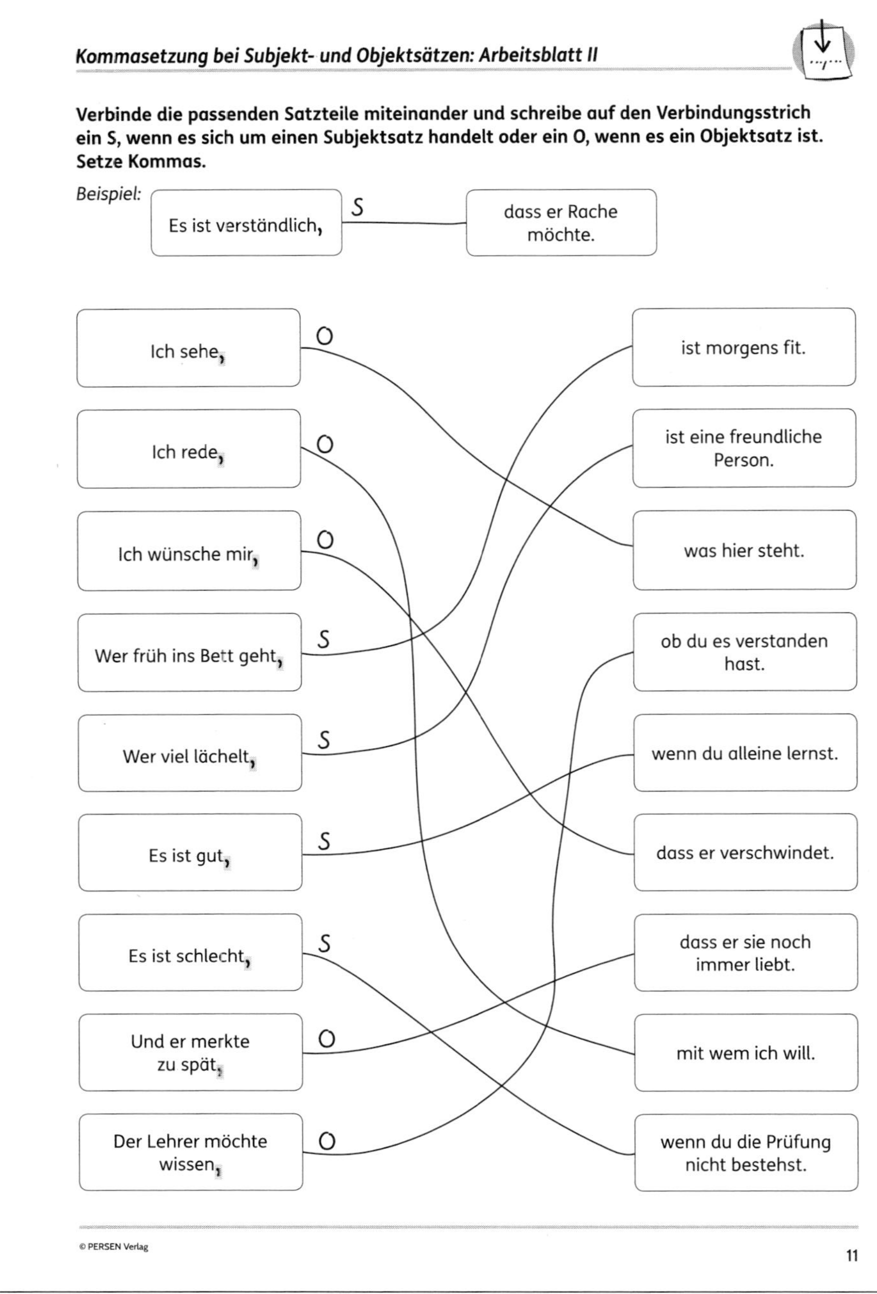

Kommasetzung bei Subjekt- und Objektsätzen: Arbeitsblatt II

Verbinde die passenden Satzteile miteinander und schreibe auf den Verbindungsstrich ein S, wenn es sich um einen Subjektsatz handelt oder ein O, wenn es ein Objektsatz ist. Setze Kommas.

Beispiel: Es ist verständlich, — S — dass er Rache möchte.

- Ich sehe, — O — was hier steht.
- Ich rede, — O — mit wem ich will.
- Ich wünsche mir, — O — dass er verschwindet.
- Wer früh ins Bett geht, — S — ist morgens fit.
- Wer viel lächelt, — S — ist eine freundliche Person.
- Es ist gut, — S — wenn du alleine lernst.
- Es ist schlecht, — S — wenn du die Prüfung nicht bestehst.
- Und er merkte zu spät, — O — dass er sie noch immer liebt.
- Der Lehrer möchte wissen, — O — ob du es verstanden hast.

© PERSEN Verlag 11

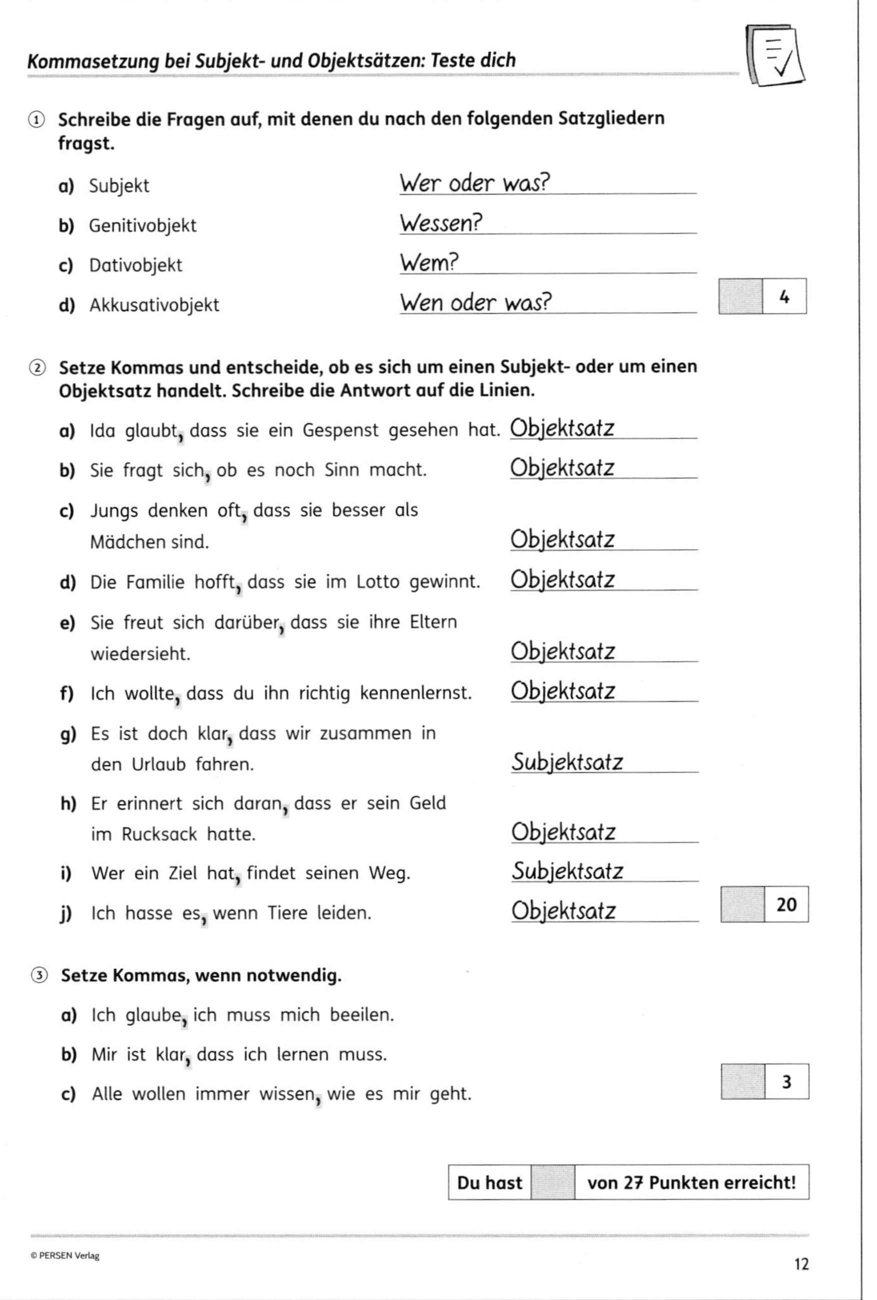

Kommasetzung bei Subjekt- und Objektsätzen: Teste dich

① **Schreibe die Fragen auf, mit denen du nach den folgenden Satzgliedern fragst.**

a) Subjekt *Wer oder was?*
b) Genitivobjekt *Wessen?*
c) Dativobjekt *Wem?*
d) Akkusativobjekt *Wen oder was?*

	4

② **Setze Kommas und entscheide, ob es sich um einen Subjekt- oder um einen Objektsatz handelt. Schreibe die Antwort auf die Linien.**

a) Ida glaubt, dass sie ein Gespenst gesehen hat. *Objektsatz*
b) Sie fragt sich, ob es noch Sinn macht. *Objektsatz*
c) Jungs denken oft, dass sie besser als Mädchen sind. *Objektsatz*
d) Die Familie hofft, dass sie im Lotto gewinnt. *Objektsatz*
e) Sie freut sich darüber, dass sie ihre Eltern wiedersieht. *Objektsatz*
f) Ich wollte, dass du ihn richtig kennenlernst. *Objektsatz*
g) Es ist doch klar, dass wir zusammen in den Urlaub fahren. *Subjektsatz*
h) Er erinnert sich daran, dass er sein Geld im Rucksack hatte. *Objektsatz*
i) Wer ein Ziel hat, findet seinen Weg. *Subjektsatz*
j) Ich hasse es, wenn Tiere leiden. *Objektsatz*

	20

③ **Setze Kommas, wenn notwendig.**

a) Ich glaube, ich muss mich beeilen.
b) Mir ist klar, dass ich lernen muss.
c) Alle wollen immer wissen, wie es mir geht.

	3

Du hast		von 27 Punkten erreicht!

© PERSEN Verlag 12

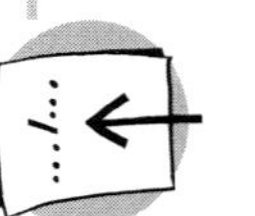

Kommasetzung bei Nebensätzen

Es muss zunächst geklärt werden, was man überhaupt unter einem Nebensatz versteht:

Ein Nebensatz ist ein Teil eines Satzes, der sich auf den Hauptsatz bezieht. Daher kann er nie alleine stehen. Ohne einen Hauptsatz ergibt ein Nebensatz keinen Sinn.

Doch wie erkennt man einen Nebensatz?

Ein Nebensatz wird durch ein bestimmtes Wort eingeleitet. Dies kann entweder
- eine Konjunktion (weil, damit, denn, ...) oder
- ein Pronomen (der, dessen, die, ...) sein.

Ein weiteres Erkennungsmerkmal eines Nebensatzes ist, dass das finite Verb im Nebensatz meist an der letzten Stelle steht.

Beispiel:

Frau Müller war die Lehrerin, die dir letztes Jahr die Regel bereits erklärt hat.
Hauptsatz — Einleitung mit Pronomen im Nebensatz und Verb an letzter Stelle

Wichtig:

- Das Komma trennt den Hauptsatz vom Nebensatz.
  → *Der Hund bellt, weil er den Briefträger nicht mag.*
- Das Komma trennt den Nebensatz vom Hauptsatz.
  → *Dass du die Regel verstanden hast, ist eine großartige Leistung!*
- Ein Hauptsatz, der einen Nebensatz einschließt, wird mit Kommas getrennt.
  → *Ich möchte, obwohl ich noch wütend auf dich bin, das gern mit dir klären.*

Achtung:

Zwischen zwei gleichrangigen Nebensätzen muss ein Komma gesetzt werden.

Beispiel:

Die Schüler müssen anders auf die Prüfungen vorbereitet werden, weil diese immer schwieriger werden, weil der Unterrichtsstoff immer mehr und die Zeit zum Lernen immer weniger wird.

Vervollständige die folgenden Sätze. (individuelle Lösung)

a) Ich mag Jungs, ____________________.

b) Ich mag Mädchen, ____________________.

① **Kreuze an, ob es sich um einen Haupt- oder Nebensatz handelt. Die Satzzeichen wurden bewusst weggelassen.**

	Hauptsatz	Nebensatz
weil sie sauer war		✗
sie möchte ihn gern wiedersehen	✗	
als ich noch klein war		✗
dass du das damals wolltest		✗
glaube ich dir	✗	
die du damals mochtest		✗
ob ich es pünktlich schaffe		✗
ich habe keine Idee	✗	
da er schnell weg musste		✗
bevor ich es dir erkläre		✗

② **Ergänze zu jedem Satz aus Aufgabe ① einen passenden Haupt- oder Nebensatz. Denke an die Kommas!**

Beispiel: Weil sie sauer war, sperrte sie sich in ihrem Zimmer ein.

(individuelle Lösung)

Kommasetzung bei Nebensätzen: Arbeitsblatt II

① **Unterstreiche die Nebensätze und setze Kommas.**

a) Der Dieb denkt, dass er entkommen ist.

b) Ich habe gedacht, dass ich mehr Freizeit habe.

c) Wenn ich mal groß bin, möchte ich reich sein.

d) Ihr ist so kalt, dass sie eine Wärmflasche braucht.

e) Seitdem er eine Freundin hat, sieht er seine Freunde nur noch selten.

f) Wenn ich Geld habe, gehe ich einen Tag lang shoppen.

g) Sie musste die Arbeit nachschreiben, weil sie krank war.

h) Damit es dir schnell besser geht, hole ich dir Medikamente.

i) Die Fußballfans feiern ihre Mannschaft, wenn sie gewinnt.

j) Wir wissen jetzt, dass diese Regel existiert.

k) Du kannst mir helfen, indem du die Wohnung auch einmal aufräumst.

② **Vervollständige die folgenden Sätze mit einem Nebensatz und setze notwendige Kommas. Unterstreiche die Wörter, die den Nebensatz einleiten.**

(individuelle Lösung, hier werden Beispiele gegeben.)

a) Ich habe Geburtstag, denn heute vor 15 Jahren kam ich auf die Welt.

b) Ich gehe ins Bett, damit ich morgen fit bin.

c) Sie fliegt erst morgen früh, damit sie sich noch von ihrer Klasse verabschieden kann.

d) Er ist durchgefallen, obwohl er viel gelernt hat.

e) Ich glaube dir, weil du mich noch nie angelogen hast.

f) Mir ist so warm, obwohl ich nur kurze Kleidung trage.

g) Ich lerne Englischvokabeln, damit mein nächster Vokabeltest besser als mein letzter ausfällt.

h) Tina kommt nicht mit, weil sie den Film schon einmal gesehen hat.

Kommasetzung bei Nebensätzen: Teste dich

① **Nenne fünf Wörter, mit denen ein Nebensatz eingeleitet werden kann.** | 5

(individuelle Lösung)

② **Setze ein passendes Wort ein, mit dem du den Nebensatz einleiten kannst. Setze Kommas.** | 10

Unterstreiche den Nebensatz.

a) Sie möchte ihn sehen, damit sie ihm alles erklären kann.

b) Du wirst die Regeln verstehen, wenn du dir mehr Mühe gibst.

c) Als ich noch jung war, habe ich mir noch nicht so viele Gedanken gemacht.

d) Ich bin sehr froh, dass es Ferien gibt.

e) Obwohl die Temperaturen niedrig sind, genieße ich das Wetter im Freien. | 5

③ **Setze in den folgenden Sätzen die Kommas.**

a) Bevor wir losfahren können, muss ich noch meine Tasche holen.

b) Das Fußballspiel im Stadion gefiel mir gut, obwohl ich mir mehr erhofft hatte.

c) Möchtest du wirklich jetzt schon wissen, wie die Serie endet?

d) Damit wir unser Flugzeug pünktlich erreichen, sollten wir uns rechtzeitig auf den Weg machen.

e) Der Junge, der einige Tage verschwunden war, ist endlich wieder zu Hause.

f) Das ständige Lernen, um die Prüfungen zu schaffen, macht mich echt fertig.

g) Musste das jetzt sein, ihn so zu behandeln?

h) Sobald ich meine Eltern um Erlaubnis gefragt habe, mache ich mich auf den Weg zu dir.

i) Ich möchte, damit du meine Entscheidung verstehst, mich mit dir treffen. | 12

Du hast ___ von 32 Punkten erreicht!

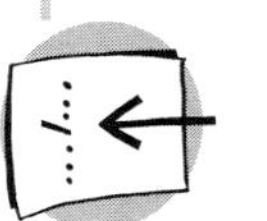

Kommasetzung bei Relativsätzen: Arbeitsblatt I

① **Setze ein passendes Relativpronomen ein und setze notwendige Kommas.**

a) Das ist der Mann, *den* sie so unheimlich fand.

b) Das ist das Lied, *das* sie am liebsten hört.

c) Das ist der Lehrer, *der* dich durchfallen ließ.

d) Deinen Führerschein, *den* du nur mit viel Glück bekommen hast, solltest du nicht aufs Spiel setzen.

e) Die erste große Liebe, *die* du erlebst, wirst du nie vergessen.

f) Deine Lehrer, *die* du eigentlich magst, nerven dich hin und wieder.

g) Das Mädchen, *das* du früher einmal warst, ist erwachsen geworden.

h) Unsere Nachbarn, *deren* Hund immer furchtbar bellt, sind sehr freundlich.

i) Der Mann, *dem* es sonst immer schlecht geht, ist heute sehr gut drauf.

② **Schreibe beide Sätze als einen Relativsatz auf die Linien. Denke an die Kommas.**

Beispiel: Die Frau lächelt immer. Die Frau mag ich gern.
→ Die Frau, die immer lächelt, mag ich gern.

a) Der Mann ist schon 103 Jahre alt. Der Mann lebt noch zu Hause.

Der Mann, der schon 103 Jahre alt ist, lebt noch zu Hause.

b) Dieser Schüler quengelt den ganzen Tag. Dieser Schüler ist sehr anstrengend.

Dieser Schüler, der den ganzen Tag quengelt, ist sehr anstrengend.

c) Die Katze hat die ganze Nacht miaut. Die Katze war eingesperrt.

Die Katze, die die ganze Nacht miaut hat, war eingesperrt.

d) Der Einbrecher hinterließ viele Spuren. Der Einbrecher wurde gefasst.

Der Einbrecher, der viele Spuren hinterließ, wurde gefasst.

Kommasetzung bei Relativsätzen: Arbeitsblatt II

① **Verbinde passende Satzteile miteinander und schreibe die Sätze mit einem passenden Relativpronomen auf die Linien. Denke an die Kommasetzung.**

1. Das ist die Frau	die ganze Nacht gebellt hat.
2. Das ist der Hund	sehr gefürchtet ist.
3. Hier ist die Baustelle	sehr teuer ist.
4. Das ist der Junge	sich ständig prügelt.
5. Das ist der Lehrer	gern Kleider trägt.
6. Das ist das Restaurant	jeden Morgen die Pendler zur Verzweiflung bringt.

Das ist die Frau, die gern Kleider trägt.
Das ist der Hund, der die ganze Nacht gebellt hat.
Hier ist die Baustelle, die jeden Morgen die Pendler zur Verzweiflung bringt.
Das ist der Junge, der sich ständig prügelt.
Das ist der Lehrer, der sehr gefürchtet ist.
Das ist das Restaurant, das sehr teuer ist.

② **Überlege dir drei Relativsätze und schreibe sie auf die Linien. Denke auch hier wieder an die Kommasetzung. Lest euch später eure Sätze laut in der Klasse vor.**

(individuelle Lösung)

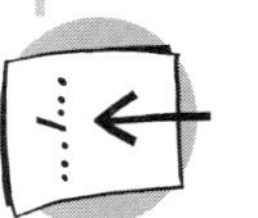

Kommasetzung bei Relativsätzen: Teste dich

① **Schreibe fünf Relativpronomen auf die Linie.** | 5

(individuelle Lösung)

② **Setze ein passendes Relativpronomen ein und setze die Kommas. Unterstreiche die Nebensätze.** | 21

a) Das ist das Buch, das du mir ausgeliehen hast.
b) Das ist unsere Mannschaft, deren Spieler total bemüht sind.
c) Ich bin deine Freundin, die dich öfter sehen möchte.
d) Das Konzert, das in Köln stattfindet, ist restlos ausverkauft.
e) Unser Flug, der viel Verspätung hatte, war am Ende sehr ruhig.
f) Der Film, den du mir empfohlen hattest, gefiel mir leider überhaupt nicht.
g) Die Ohrringe, die du mir geschenkt hast, habe ich schon oft getragen.
h) Die Freundinnen, deren Eltern schon ewig befreundet sind, haben immer öfter Streit. | 8

③ **Schreibe beide Sätze als einen Relativsatz auf die Linien. Denke an die Kommas.**

a) Ich bin ein Mädchen. Ich liebe Spinnen und Ratten.
Ich bin ein Mädchen, das Spinnen und Ratten liebt.

b) Die Freundinnen schreiben Bücher. Die Freundinnen kommen aus Frankfurt.
Die Freundinnen, die Bücher schreiben, kommen aus Frankfurt.

c) Unsere Freunde sind sechs Wochen lang im Urlaub. Unsere Freunde vermissen wir sehr.
Unsere Freunde, die sechs Wochen lang im Urlaub sind, vermissen wir sehr. | 8

Du hast ____ von 42 Punkten erreicht!

© PERSEN Verlag 20

Kommasetzung bei Teilsätzen: Regeln

Kommasetzung bei Teilsätzen

Teilsätze werden dann mit einem Komma voneinander getrennt, wenn sie auch allein stehen könnten. Das heißt: Wenn der Teilsatz auch mit einem Punkt beendet werden kann, musst du ein Komma setzen.

Durch die Kommasetzung lassen sich manche Texte schöner und flüssiger lesen.

Beispiel:

Er kommt zu Hause an. Er wärmt sich sein Mittagessen auf. Er macht seine Hausaufgaben.
→ *Er kommt zu Hause an, wärmt sich sein Mittagessen auf und macht seine Hausaufgaben.*

Für die Kommasetzung bei Teilsätzen musst du dir Folgendes merken:

- Bei einem Satz, der durch das Zusammenfügen von zwei Teilsätzen entsteht, hast du meist zwei oder mehr konjugierte Verben.
- Nur die Teilsätze, die allein stehen können, trennst du mit einem Komma voneinander.
- Steht ein „und", „oder", „sowie" oder „beziehungsweise" zwischen den Teilsätzen, dann wird kein Komma gesetzt.

Achtung:

Wenn der Teilsatz eingeschoben ist, wird er von Kommas eingeschlossen.

Beispiel:

Du hast, das habe ich selbst gesehen, bei der Arbeit geschummelt.

Handelt es sich bei den folgenden Sätzen um Teilsätze?

Satz	ja	nein
..., weil ich sehe, ...		✗
... liegst du schon auf der Couch.		✗
... ich glaube, es war deine Katze, ...	✗	

© PERSEN Verlag 21

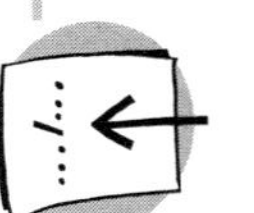

Kommasetzung bei Teilsätzen: Arbeitsblatt I

① **Formuliere die nachfolgenden Sätze um. Denke an die Kommasetzung.**

Beispiel: Das Baby fängt an zu schreien. Die Mama läuft zum Baby. Sie nimmt es auf den Arm. Das Baby beginnt zu lächeln.
→ *Als das Baby zu schreien anfängt, läuft die Mama zu ihrem Baby, nimmt es auf den Arm und das Baby beginnt zu lächeln.*

a) Der Wecker klingelt um 6 Uhr. Der Vater steht auf. Er geht ins Badezimmer. Der Vater zieht sich an.

Der Wecker klingelt um 6 Uhr, der Vater steht auf, geht ins Badezimmer und zieht sich an.

b) Sie trank eine Flasche Wasser. Sie hatte großen Durst.

Sie trank eine Flasche Wasser, sie hatte großen Durst.

c) Der Hund geht spazieren. Überall schnüffelt er. Danach rennt er blitzschnell über eine Wiese.

Der Hund geht spazieren, schnüffelt überall und rennt danach blitzschnell über eine Wiese.

d) Das Kind steht vor dem Fenster. Es sieht draußen seinen Papa laufen. Das Kind beginnt zu lachen. Das Kind winkt seinem Papa zu.

Das Kind steht vor dem Fenster, sieht draußen seinen Papa laufen, beginnt zu lachen und winkt seinem Papa zu.

② **Schreibe wie in Aufgabe ① ebenfalls Teilsätze auf die Linien. Dein Partner soll die Sätze in seinem Heft richtig und mit notwendigen Kommas aufschreiben.**

(individuelle Lösung)

Kommasetzung bei Teilsätzen: Arbeitsblatt II

① **Denke dir einen passenden eingeschobenen Teilsatz aus und schreibe ihn auf die Linie.**
Setze alle notwendigen Kommas.
(Teilsätze: individuelle Lösungen)

a) Das Auto, ________________, fuhr die ganze Zeit schon viel zu schnell.

b) Der Hund, ________________, kläfft schon immer den Briefträger an.

c) In dem Supermarkt, ________________, gibt es immer die besten Angebote.

d) Auf dem Bauernhof, ________________, lernen immer mehr Kinder alles über die Tiere dort kennen.

e) Der Schüler hat, ________________, immer nur sehr gute Noten im Zeugnis.

f) Deine Eltern sollten, ________________, schon ganz lange einen Termin bei deinem Lehrer ausmachen.

② **Setze in den folgenden Sätzen die Kommas ein.**

a) Das Kindermädchen, ich glaube, sie heißt Ela, ist sehr freundlich.

b) Die verschwundene Katze, es war eine Hauskatze, ist zum Glück wieder da.

c) Du hast, ich weiß es ganz genau, dir heimlich das Geld genommen.

d) Der Moderator zeigte ihm zuerst seinen Gewinn, es war ein neues Auto, danach folgte eine weitere Überraschung.

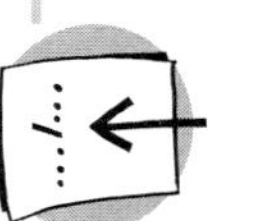

Kommasetzung bei Teilsätzen: Teste dich

① **Richtig oder falsch? Kreuze an.**

Behauptung	richtig	falsch
Jeder Teilsatz wird mit einem Komma getrennt.		✗
Eingeschobene Teilsätze stehen immer zwischen Kommas.	✗	
Bei einem Teilsatz gibt es nur ein konjugiertes Verb.		✗
Kein Komma wird bei „und" und „oder" und „beziehungsweise" gesetzt.	✗	
Durch die Kommasetzung lesen sich die Sätze nicht flüssiger.		✗
Du musst ein Komma setzen, wenn der Teilsatz auch mit einem Punkt beendet werden könnte.	✗	

6

② **Formuliere jeweils aus allen Teilsätzen nur einen vollständigen Satz.**

a) Es klingelt. Alle Schüler setzen sich auf ihre Plätze. Sie warten auf den Lehrer.

Es klingelt, alle Schüler setzen sich auf ihre Plätze und warten auf den Lehrer.

b) Ich komme nach Hause. Ich koche mir etwas zum Mittagessen. Ich setze mich an den Tisch. Ich beginne zu essen.

Ich komme nach Hause, koche mir etwas zum Mittagessen, setze mich an den Tisch und beginne zu essen.

c) Der Handballspieler fängt den Ball. Er läuft dribbelnd zum Tor. Er täuscht bei seinem Gegenspieler kurz an. Er wirft den Ball blitzschnell ins Tor.

Der Handballspieler fängt den Ball, läuft dribbelnd zum Tor, täuscht bei seinem Gegenspieler kurz an und wirft den Ball blitzschnell ins Tor.

8

③ **Setze alle notwendigen Kommas.**

a) Es wird Zeit, so denke ich es mir, dass sie bald eine Wohnung findet.

b) Mit schnellen Schritten, ohne auf den Verkehr zu achten, ging er über die Straße.

c) Das Telefon klingelte, sie nahm ab und hörte nur ein seltsames Rauschen.

5

Du hast		von 19 Punkten erreicht!

Kommasetzung bei der wörtlichen Rede: Regeln

Kommasetzung bei der wörtlichen Rede

Wenn du einen Text schreibst, in dem Personen miteinander sprechen, musst du die wörtliche Rede verwenden.

Dabei hast du mehrere Möglichkeiten, wie du das Gespräch in der wörtlichen Rede aufschreibst.

1. Nils fragt: „War Snoopy schon im Wald spazieren?"
   Hier setzt du kein Komma.
2. „War Snoopy schon im Wald spazieren?", fragt Nils.
   Hier muss ein Komma gesetzt werden!
3. „Ich kann kaum glauben", sagt Nils verwundert, „dass Snoopy nicht spazieren war."
   Wenn du eine wörtliche Rede unterbrichst, dann müssen Anführungszeichen sowie Kommas gesetzt werden.

Kreuze an, ob die Satzzeichen in den folgenden Sätzen richtig gesetzt wurden. Korrigiere die falschen Sätze und schreibe diese mit allen richtigen Satzzeichen in dein Heft.

Satz	richtig	falsch
„Ich weiß nicht, was ich davon halten soll!" schreit Lisa sauer. *„Ich weiß nicht, was ich davon halten soll!", schreit Lisa sauer.*		✗
„Kannst du mich denn gar nicht verstehen?, fragt sie Tom. *„Kannst du mich denn gar nicht verstehen?", fragt sie Tom.*		✗
„Wollen wir heute Abend ins Kino gehen" fragt er schüchtern. *„Wollen wir heute Abend ins Kino gehen?", fragt er schüchtern.*		✗
„Ich glaube nicht", antwortet Lisa böse „dass das eine gute Idee ist." *„Ich glaube nicht", antwortet Lisa böse, „dass das eine gute Idee ist."*		✗
„Bist du etwa immer noch sauer auf mich?", fragt Tom verwundert.	✗	
„Ja", antwortet sie, „das kannst du laut sagen!"	✗	
„Bitte, nimm doch endlich meine Entschuldigung an!" fleht Tom. *„Bitte, nimm doch endlich meine Entschuldigung an!", fleht Tom.*		✗
„Na gut", sagt Lisa leise, „eine Chance gebe ich dir noch!"	✗	

Kommasetzung bei der wörtlichen Rede: Arbeitsblatt I

① **Setze die fehlenden Satzzeichen ein.**

a) Mia jammert: „Mir geht es total schlecht!“

b) „Wann soll ich dich wecken?“, fragt Tims Mutter.

c) „Ich kann nicht verstehen“, sagt Leons Vater genervt, „dass es dir egal ist!“

d) „Was wäre“, fragt Ninas Schwester neugierig, „wenn du morgen krank wärst?“

e) „Schreiben wir morgen wirklich eine Deutscharbeit?“, fragt Alan seine Mitschüler verwundert.

② **Ordne der Sprechblase den richtigen Begleitsatz zu, indem du alle Sätze mit den richtigen Satzzeichen auf die Linien schreibst.**

Bei euch geht es immer nur um Fußball!

Hat jemand seine Hausaufgaben vergessen?

Endlich geht die Bundesliga wieder los!

Räum endlich dein Zimmer auf!

Hatten wir etwa welche auf?

a) fragt die Lehrerin.
b) fragt ein Schüler entschuldigend.
c) grölen die Jungs.
d) jammern die Mädchen.
e) fordern die Eltern.

a) „Hat jemand seine Hausaufgaben vergessen?“, fragt die Lehrerin.
b) „Hatten wir etwa welche auf?“, fragt ein Schüler entschuldigend.
c) „Endlich geht die Bundesliga wieder los!“, grölen die Jungs.
d) „Bei euch geht es immer nur um Fußball!“, jammern die Mädchen.
e) „Räum endlich dein Zimmer auf!“, fordern die Eltern.

Kommasetzung bei der wörtlichen Rede: Arbeitsblatt II

① **Setze ein passendes Wort in die Lücken und ergänze die fehlenden Satzzeichen.**

fragt ruft antwortet schreit schimpft jammert prahlt
jubelt seufzt behauptet

a) „Mir ist so kalt!“, jammert Lea.

b) „Ich bin der Beste!“, prahlt Ali.

c) „Kannst du mir vielleicht doch helfen?“, fragt Moritz seine Mama.

d) „Ich komme erst gegen 19:00 Uhr nach Hause“, antwortet seine Ehefrau.

e) „Ist jemand zu Hause?“, ruft Basti ängstlich.

f) „Aua!“, schreit Elias vor Schmerz.

g) „Musste das jetzt sein?“, schimpft Fritzchens Mama.

h) „Das war doch im Vorfeld schon klar!“, behauptet Tim.

i) „Ich habe endlich eine 1 in Deutsch geschrieben!“, jubelt Martin.

j) „Das Ende des Films war so traurig“, seufzt Maria.

② **Schreibe die folgenden Sätze in der wörtlichen Rede auf und formuliere den Begleitsatz dahinter.**

Beispiel: Elisa antwortet, dass sie einen Kakao trinken möchte.
→ „Ich möchte einen Kakao trinken“, antwortet Elisa.

a) Delila fragt, ob es kalt draußen ist.

„Ist es kalt draußen?“, fragt Delila.

b) Anton behauptete, dass er das ganze Wochenende gelernt habe.

„Ich habe das ganze Wochenende gelernt“, behauptet Anton.

c) Jana erzählt, dass sie für drei Wochen in den Urlaub fliegt.

„Ich fliege für drei Wochen in den Urlaub“, erzählt Jana.

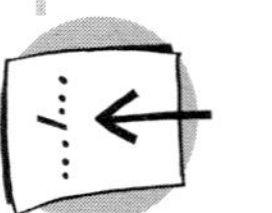

① **Setze in den folgenden Sätzen die fehlenden Satzzeichen ein.**

a) „Möchtest du nach deiner riesigen Portion wirklich noch ein Dessert essen?“, fragt ihre Mama verwundert.

b) „Ich habe wirklich ganz große Lust ins Kino zu gehen!“, erklärt sie ihrem Freund ironisch.

c) „Tor!“, schreit der fußballbegeisterte Junge.

d) „Soll ich euch in die Schule fahren?“, fragt der Vater seine Kinder.

e) „Wie sollen wir uns all diese Regeln nur merken?“, jammern die Schüler laut.

f) „Schreibst du heute die Deutscharbeit“, fragt die Mutter ihre Tochter, „oder ist es erst morgen soweit?“

g) „Ich glaube kaum“, sagt die Schülerin traurig, „dass mein Lehrer mir das glauben wird.“

h) „Ich mag keinen Karneval“, behauptet sie, „das ist mir viel zu laut!“

	20

② **Schreibe die folgenden Sätze in der indirekten Rede auf.**

a) „Mir ist es“, jammert Liana, „viel zu heiß!“

Liana jammert, dass es ihr viel zu heiß ist.

b) „Ich bin schon wieder krank!“, klagt Maike.

Maike klagt, dass sie schon wieder krank ist.

c) „Brauchst du wirklich“, fragt Mama ihren Sohn ganz erstaunt und schaut ihn ungläubig an, „schon wieder ein neues Fahrrad?“

Mama fragt ihren Sohn ganz erstaunt und schaut ihn ungläubig an, ob er wirklich ein neues Fahrrad brauche.

d) „Ich fahre bald auf mein erstes Reitturnier!“, jubelt Luisa.

Luisa jubelt, dass sie bald auf ihr erstes Reitturnier fahren wird.

	8

Du hast		von 28 Punkten erreicht!

Kommasetzung bei Appositionen

Für dieses Kapitel muss zunächst geklärt werden, was man unter einer Apposition versteht.

Eine Apposition ist ein Einschub oder eine Beifügung in einen bestehenden Satz, der kurz und prägnant ein Substantiv oder ein Pronomen näher erläutert.

Dies hört sich schwieriger an als es in Wirklichkeit ist.

Beispiel:

Snoopy, mein kleiner Hund, geht gern schwimmen.

In diesem Fall handelt es sich bei „mein kleiner Hund“ um die Zusatzinformation, die zu dem Substantiv, in diesem Fall *„Snoopy“*, weitere Informationen liefert.

Der Einschub wird mit Kommas vom restlichen Satz getrennt.

Es gibt noch eine weitere Möglichkeit, eine Apposition im Satz stehen zu haben, nämlich dann, wenn die Apposition am Ende des Satzes steht.

Beispiel:

Das ist Snoopy, mein kleiner Hund.

Hier ist die Apposition wieder *„mein kleiner Hund“* und sie steht zwischen Komma und Punkt.

Ausnahmen:

- Man kann ein Komma nach einer Berufsbezeichnung setzen, muss aber nicht.
  → *Die ehemalige Grundschullehrerin (,) Frau Müller (,) hilft der Familie.*
  → Ausnahmen: Wenn die Person in Verbindung mit ihrem Beruf näher beschrieben wird, muss ein Komma gesetzt werden:
  Thorstens Vater, Architekt, plant die schönsten Häuser.
- Du setzt kein Komma, wenn die Apposition direkt zum Namen der Person gehört.
  → *Queen Elisabeth die Zweite ist seit 1952 Königin.*

Markiere die Appositionen in den Sätzen farbig.

a) Susi und Hans-Günter, meine Tante und mein Onkel, wohnen ganz in meiner Nähe.

b) Heidi, eine Hündin unserer Nachbarn, ist eine Dogge.

c) Mein Auto, ein Mercedes, braucht dringend eine Reinigung.

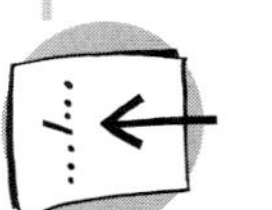

Kommasetzung bei Appositionen: Arbeitsblatt I

① **Setze in den folgenden Sätzen die fehlenden Kommas. Markiere die Appositionen farbig.**

- **a)** Herr Schmidt, **Leiter der Realschule**, ist heute krank.
- **b)** Ich kenne Herrn Maier, **Leiter der Fußballabteilung**, schon sehr lange.
- **c)** Herr Würz, **mein Tennistrainer**, sitzt gerade in einer Vorstandssitzung.
- **d)** Robinchen, **mein kleines Kaninchen**, freut sich über den frischen Löwenzahn.
- **e)** Ihr Freund Schnuckel, **ein flinkes Meerschweinchen**, frisst eine Karotte.
- **f)** Sabrinas Mutter, **Friseurin**, macht die schönsten Frisuren.
- **g)** Das Fahrrad gehört Karl, **dem Cousin meines Mannes**.
- **h)** Frau Artner, **die Anwältin meiner Freundin**, wird dich gleich treffen.
- **i)** Teddy, **mein Schulhund**, macht einen großartigen Job in der Klasse.
- **j)** Jonas, **unser Torwart**, hat super gehalten.
- **k)** Ich habe mich heute mit Dennis, **einem guten Freund**, im Kino verabredet.

② **Bilde Sätze mit Appositionen und schreibe sie auf die Linien. Denke an die Kommas.**
Beispiel: Das ist meine Oma Christa. → Das ist Christa, meine Oma.

- **a)** Meine Oma Christa liebt Rosen.
  Christa, meine Oma, liebt Rosen.
- **b)** Mein Vater Michael bekommt bald ein neues Auto.
  Michael, mein Vater, bekommt bald ein neues Auto.
- **c)** Mein Opa Walter geht mit seiner Hündin spazieren.
  Walter, mein Opa, geht mit seiner Hündin spazieren.
- **d)** Meine Schwester Eva mit ihrem Babybauch steht vor dem Schaufenster.
  Eva, meine Schwester mit ihrem Babybauch, steht vor dem Schaufenster.
- **e)** Der kleine Hund Merlin mag gern Katzen.
  Merlin, der kleine Hund, mag gern Katzen.

 30

Kommasetzung bei Appositionen: Arbeitsblatt II

① **Setze passende Satzteile als Appositionen in die Lücken ein. Denke an die Kommas.**

ein guter Freund	ihrem Fußballcoach	eine Turnerin	zwei Kindergartenfreunde
einem Zimmer im Keller der Sporthalle	einem speziellen Sporthotel		

Benni und Lias, *zwei Kindergartenfreunde*, freuen sich auf das Fußballcamp. Auch Toni, *ein guter Freund*, wird dabei sein. Gemeinsam fahren sie mit ihren Eltern für ein ganzes Wochenende weg. Im Fußballcamp, *einem speziellen Sporthotel*, angekommen, beziehen alle zuerst ihre Zimmer. Danach treffen sich die Jungs mit Harry, *ihrem Fußballcoach*, und lernen die anderen Fußballer kennen. Während der ersten Trainingseinheit erblickt Benni ein Mädchen mit langen, braunen Haaren. Später lernt Benni Tina, *eine Turnerin*, im Restaurant kennen. Für den nächsten Tag verabreden sich die beiden Sportler im Aufenthaltsraum, *einem Zimmer im Keller der Sporthalle*, um in Ruhe eine Cola trinken zu können.

② **Denke dir selbst eine passende Apposition aus und schreibe sie in die Lücken. Setze anschließend die fehlenden Kommas.**
(individuelle Lösung)

- **a)** Theo, ____________, war heute richtig gut.
- **b)** Thomas Müller, ____________, sieht man nur noch selten im TV.
- **c)** Angela Merkel, ____________, ist gerade in einer Sitzung.
- **d)** Das Rezept meines Lieblingskuchens, ____________, kennt nur meine Oma.
- **e)** Mein Hund, ____________, geht gern stundenlang im Wald spazieren.
- **f)** Das sind Rocky und Locky, ____________, meiner Schwester.

 31

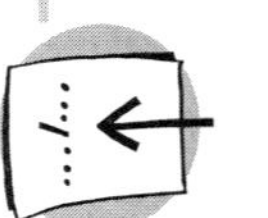

Kommasetzung bei Appositionen: Teste dich

① **Richtig oder falsch? Kreuze an.**

Behauptung	richtig	falsch
Eine Apposition ist eine Beifügung oder ein Einschub.	✗	
Eine Apposition steht immer am Anfang oder in der Mitte des Satzes, nie am Ende.		✗
Durch eine Apposition wird kurz und knapp eine Zusatzinformation geliefert.	✗	
Eine Apposition kann als Einschub auch mitten im Satz stehen.	✗	
Eine Apposition, die direkt zum Namen der Person gehört, wird mit Komma getrennt.		✗

5

② **Setze in den folgenden Sätzen die Kommas.**

a) Herr Böse, mein ehemaliger Englischlehrer, war nie böse.

b) Frau Matjes, unsere Nachbarin, isst keinen Fisch.

c) Der Sonnenkönig Ludwig XIV., ein angeblich guter Tänzer, wurde bereits als Kind zum König ernannt.

d) Unser Lieblingshotel, ein bekanntes 4-Sterne-Hotel in Österreich, ist leider schon ausgebucht.

e) Laura, die Zwillingsschwester von Klara, sieht ihr kaum ähnlich.

f) Mirja Klein, meine Grundschulfreundin, war immer die Größte in unserer Klasse.

g) Von seiner Lieblingsspeise, Kartoffeln mit Wurst und Spinat, konnte er noch nie genug bekommen.

h) Das Lieblingslied seines Kindes, eines vierjährigen Jungen, hört er schon den ganzen Tag.

16

Du hast ___ von 21 Punkten erreicht!

Kommasetzung bei Infinitivgruppen: Regeln

Kommasetzung bei Infinitivgruppen

Als Infinitiv bezeichnet man die Grundform eines Verbs.

Beispiele:

gehen, laufen, sitzen, fahren, ...

Als eine Infinitivgruppe bezeichnet man ein Verb im Infinitiv plus das Wort „zu“ und einem weiteren (Signal) Wort → zu gehen, zu laufen, zu sitzen, zu fahren, ...

Es gibt folgende Signalwörter, die dir anzeigen, dass ein Komma gesetzt werden muss. Die Infinitive können sowohl im vorderen, als auch im hinteren Satzteil stehen.

- als
- außer
- (an)statt
- ohne
- um
- zu
- dafür
- damit
- es
- so

Beispiele:

Maria blieb nichts anderes übrig, als zu ihrem Chef zu gehen.
Anstatt die Wohnung zu putzen, lag ihr Freund lieber auf der Couch.

Ebenfalls muss ein Komma gesetzt werden, wenn sich die Infinitivgruppe auf ein Substantiv bezieht.

Beispiel:

Ihr Wille, die Klasse zu schaffen, spornte sie enorm an.

Wichtig:

Du musst immer ein Komma setzen, wenn der Sinn des Satzes auf unterschiedliche Weisen verstanden werden kann.

Bilde den Infinitiv der Verben.

sieht – sehen

redet – reden

machst – machen

schreie – schreien

Kommasetzung bei Infinitivgruppen: Arbeitsblatt I

① **Finde im Wortgitter 8 Signalwörter, die dir anzeigen, dass du ein Komma setzen musst.**

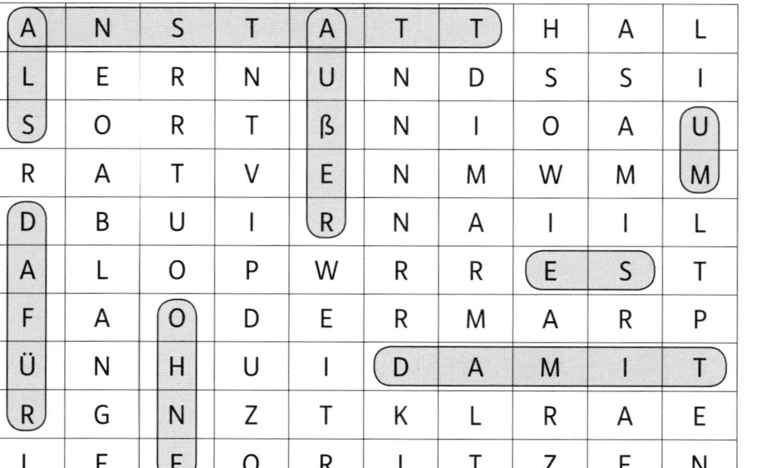

A	N	S	T	A	T	T	H	A	L
L	E	R	N	U	N	D	S	S	I
S	O	R	T	ß	N	I	O	A	U
R	A	T	V	E	N	M	W	M	M
D	B	U	I	R	N	A	I	I	L
A	L	O	P	W	R	R	E	S	T
F	A	O	D	E	R	M	A	R	P
Ü	N	H	U	I	D	A	M	I	T
R	G	N	Z	T	K	L	R	A	E
L	E	E	O	R	I	T	Z	E	N

② **Setze in den Sätzen die fehlenden Kommas.**

a) Er hat kein Geld, um einkaufen zu gehen.

b) Sie zögerte die Entscheidung hinaus, von der Schule abzugehen.

c) Sie dachte jetzt daran, doch ihr Abitur zu machen.

d) Die Eltern verreisten mit dem Ziel, sich einmal richtig zu erholen.

e) Jugendliche lieben es auch, ohne störende Eltern zu verreisen.

f) Mir fällt nichts Schöneres ein, als das ganze Wochenende im Bett zu verbringen.

g) Anstatt ihm die ganze Zeit nachzutrauern, könntest du lieber versuchen, ihn zu vergessen.

h) Er fuhr weiter, ohne auf die rote Ampel zu achten.

i) Fang endlich an zu lernen, statt den Kopf jetzt schon in den Sand zu stecken.

Kommasetzung bei Infinitivgruppen: Arbeitsblatt II

① **Bilde Infinitivsätze.**

Beispiel: In dem Restaurant darf nicht geraucht werden. Es ist strengstens verboten.
→ *Es ist strengstens verboten, in dem Restaurant zu rauchen.*

a) Während der Vorführung muss man leise sein. Es ist sehr wichtig.

Es ist sehr wichtig, während der Vorführung leise zu sein.

b) Du musst mir die Regel noch einmal erklären. Es ist so wichtig.

Es ist so wichtig, mir die Regel noch einmal zu erklären.

c) Lach mich nicht aus! Dafür gibt es keinen Grund!

Es gibt keinen Grund dafür, mich auszulachen!

d) Ihr Freund wollte sie mit einem Geschenk überraschen. Er hat es zumindest versucht.

Ihr Freund hat es zumindest versucht, sie mit einem Geschenk zu überraschen.

e) Der Auszubildende wollte sich einen Urlaub für 2.000 € leisten. Das ist zu viel.

Es ist für den Auszubildenden zu viel, sich einen Urlaub für 2.000 € leisten zu wollen.

f) Der Ehemann wollte sich schon immer einen zweiten Hund kaufen. Endlich konnte er seine Frau davon überzeugen.

Endlich konnte der Ehemann seine Frau davon überzeugen, sich einen zweiten Hund zu kaufen.

② **Überprüfe, ob du in allen Sätzen aus Aufgabe ① die notwendigen Kommas gesetzt hast. Falls nicht, hole es jetzt nach.**

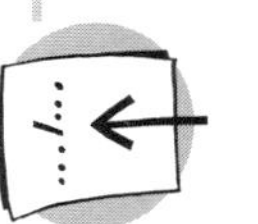

Kommasetzung bei Infinitivgruppen: Teste dich

① **Setze in den nachfolgenden Sätzen die Kommas.**

- **a)** Es ist mir nicht wichtig, jeden Tag Blumen von dir zu bekommen.
- **b)** Ich habe dich vor Tagen schon darum gebeten, deine Wäsche in den Keller zu bringen.
- **c)** Es macht doch keinen Sinn, sich jeden Tag über deine Mitarbeiter zu ärgern.
- **d)** Wir haben das Angebot bekommen, doch noch kurzfristig in den Urlaub zu fahren.
- **e)** Außer dir ist niemand bereit, so viele Überstunden zu leisten.
- **f)** Ohne mit der Wimper zu zucken, log sie ihre Eltern weiterhin an.
- **g)** Es fällt ihr überhaupt nicht schwer, nicht jedes Wochenende feiern zu gehen.
- **h)** Die Familie denkt darüber nach, von Frankfurt nach Österreich auszuwandern.
- **i)** Anstatt ihn davon überzeugen zu wollen, dass er sein Abitur macht, solltest du ihm lieber einmal richtig zuhören.

	10

② **Schreibe drei Signalwörter auf, die dir sagen, dass du ein Komma setzen musst.**

(individuelle Lösung)

	3

③ **Bilde Sätze im Infinitiv und setze die Kommas.**

- **a)** Wir werden keine noch heißeren Tage bekommen. Das halten viele für möglich.

  Es halten viele für möglich, keine noch heißeren Tage zu bekommen.
- **b)** Du musst es mir nicht hundertmal sagen. Es ist nicht nötig.

  Es ist nicht nötig, es mir hundertmal zu sagen.
- **c)** Mama geht jetzt zweimal in der Woche joggen. Ihre Kinder konnten sie endlich dazu überreden.

  Ihre Kinder konnten Mama endlich dazu überreden, zweimal in der Woche joggen zu gehen.

	6

Du hast		**von 19 Punkten erreicht!**

Kommasetzung bei Bitten und Ausrufen: Regeln

Kommasetzung bei Bitten und Ausrufen

Sprichst du eine Person mit deiner Bitte direkt an, so musst du hinter oder vor ihrem Namen ein Komma setzen.

Beispiel:

Ina, kannst du bitte das Fenster schließen? / Kannst du bitte das Fenster schließen, Ina?

Ebenso verhält es sich mit der Kommasetzung bei Ausrufen, auch Interjektionen genannt, denn auch hier musst du ein Komma setzen, wenn du deinen Ausruf besonders betonen willst. Gewöhnlich stehen diese Ausrufe am Anfang oder Ende des Satzes.

Beispiele:

Ach, das tut mir aber schrecklich leid!
Igitt, das schmeckt so widerlich!
Ja, mir geht es gut!

Möchtest du deinen Ausruf nicht besonders hervorheben, dann lässt du das Komma einfach weg.

Beispiel:

Ach das tut mir aber leid.

Achtung:

Das Wort „bitte“ kann sowohl vor einem Komma, als auch ohne Komma in einem Satz vorkommen. Wenn das „bitte“ besonders hervorgehoben sein soll, dann steht dahinter ein Komma.

Beispiele:

Bitte, sag mir doch endlich, was los ist!
Kannst du bitte das Fenster schließen?

Trenne die Wörter voneinander und schreibe die Sätze auf die Linien. Setze Kommas, wenn dies nötig ist.

„MaraschaujetztendlichnachdeinemkleinenBruder!“

„Mara, schau jetzt endlich nach deinem kleinen Bruder!“

„BringstdumirbitteeineColamitFinn?“

„Bringst du mir bitte eine Cola mit, Finn?“

Kommasetzung bei Bitten und Ausrufen: Arbeitsblatt I

① **Markiere im Wortgitter alle 19 Interjektionen mit einem Farbstift.**

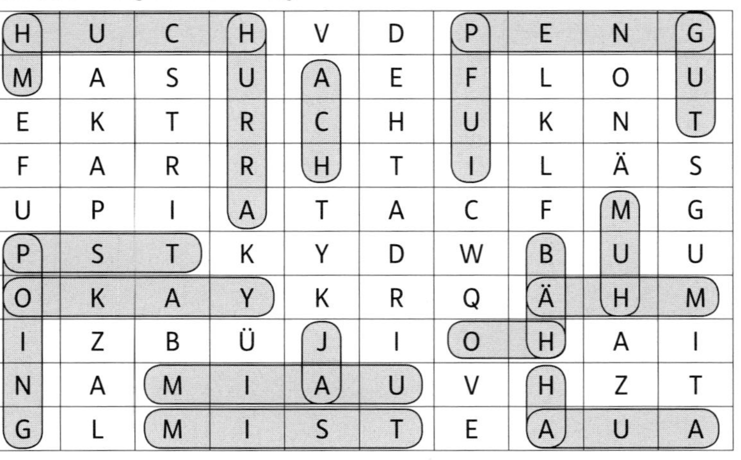

H	U	C	H	V	D	P	E	N	G
M	A	S	U	A	E	F	L	O	U
E	K	T	R	C	H	U	K	N	T
F	A	R	R	H	T	I	L	Ä	S
U	P	I	A	T	A	C	F	M	G
P	S	T	K	Y	D	W	B	U	U
O	K	A	Y	K	R	Q	Ä	H	M
I	Z	B	Ü	J	I	O	H	A	I
N	A	M	I	A	U	V	H	Z	T
G	L	M	I	S	T	E	A	U	A

② **Suche dir 5 Interjektionen heraus und schreibe 5 Sätze mit diesen Interjektionen auf die Linien. Denke an die Kommasetzung!**

(individuelle Lösung)

③ **Kreuze an, ob die Satzzeichen in den folgenden Sätzen richtig gesetzt wurden.**

Satz	richtig	falsch
„Pfui, tu das sofort weg!“	✗	
„Was möchtest du frühstücken mein, Schatz?“		✗
„Lara, und Lisa wollt ihr mit ins Kino fahren?“		✗
„Mist daran habe ich nicht gedacht!“		✗

Kommasetzung bei Bitten und Ausrufen: Arbeitsblatt II

① **Huch! Hier ist etwas durcheinandergeraten. Schreibe sinnvolle Sätze mit den Wörtern auf die Linien. Denke an die Kommasetzung und an die Satzzeichen der wörtlichen Rede.**

a) nicht das Verdammt ich wollte

„Verdammt, das wollte ich nicht!“

b) war knapp Mensch das

„Mensch, das war knapp!“

c) du Donnerwetter warst so gut

„Donnerwetter, du warst so gut!“

d) wollte dir ich sagen Ähm sagen was noch

„Ähm, was wollte ich dir noch sagen?“

② **Unterstreiche alle Interjektionen in Aufgabe ①.**

③ **Bilde sinnvolle Sätze und schreibe sie auf die Linien. Setze notwendige Kommas und an die Satzzeichen der wörtlichen Rede.**

Beispiel: Du fragst Robin, ob er dir einen Stift leihen kann.
→ Robin, kannst du mir einen Stift leihen?

a) Du fragst Sandra, ob sie dein Buch eingepackt hat.

„Sandra, hast du mein Buch eingepackt?“

b) Du fragst Sandro, ob er dir ein Eis mitbringen kann.

„Sandro, kannst du mir ein Eis mitbringen?“

c) Du bejahst, dass es dir schlecht geht.

„Ja, mir geht es schlecht!“

d) Du bittest darum, dass Max dir Mathe noch einmal erklärt.

„Max, kannst du mir bitte Mathe noch einmal erklären?“

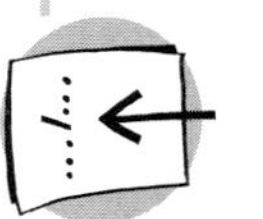

Kommasetzung bei Bitten und Ausrufen: Teste dich

① **Richtig oder falsch? Kreuze an.**

Behauptung	richtig	falsch
Sprichst du eine Person mit deiner Bitte direkt an, so musst du hinter oder vor ihrem Namen ein Komma setzen.	✗	
Als Interjektion wird ein Ausruf bezeichnet.	✗	
Ausrufe stehen meistens am Satzanfang oder am Ende des Satzes.	✗	
Hinter jeder Interjektion muss ein Komma gesetzt werden.		✗
Bei dem Wort „bitte“ muss immer ein Komma gesetzt werden.	✗	
Bei einer besonderen Hervorhebung wird kein Komma gesetzt.		✗

6

② **Schreibe fünf Interjektionen auf die Linie.**

(individuelle Lösung)

5

③ **Setze in den folgenden Sätzen notwendige Kommas.**

a) „Ja, mir geht es super!“
b) „Bitte, bring mir doch endlich ein Glas Wasser!“
c) „Mama, ich muss dir danken!“
d) „Papa, kannst du bitte das Fenster schließen?“
e) „Igitt, das ist so eklig!“
f) „Pfui, was stinkt es hier!“
g) „Hach, was war das so einfach!“
h) „Pst, unser Baby schläft jetzt endlich!“
i) „Erzähl mir bitte alle Neuigkeiten, Jessi!“
j) „Ähm, war das echt dein Ernst?“
k) „Mist, das habe ich total vergessen!“

11

Du hast ___ von 22 Punkten erreicht!

 40

Kommasetzung bei Termin-, Orts- und Adressangaben: Arbeitsblatt I

① **Kreuze an, ob die Satzzeichen in den folgenden Sätzen richtig gesetzt wurden.**

Satz	richtig	falsch
Du bist am Sonntag, dem 24.10. unterwegs.	✗	
Möchtest du am Montag, nach Frankfurt kommen?		✗
Ich lade dich am Samstag, ein.		✗
Ich wohne in Berlin, Leipziger Straße.	✗	
Gießen, den 06.08.2019	✗	
Wollen wir am Freitag, um 20:00 Uhr ins Kino gehen?		✗
Was hältst du von Eishockey am, Montag?		✗
Meine Eltern fahren am 9. September in den Urlaub.	✗	
Am Montag, dem 14. August, beginnt die Schule.	✗	
Ihr Geburtstag ist, am 30.03.		✗

② **Du schreibst eine Einladungskarte und möchtest deinen Freund / deine Freundin zu deiner Geburtstagsfeier einladen. In deinem Text musst du Kommas setzen. Achte deswegen auf deine Formulierungen. Folgende Informationen musst du in deinem Text erwähnen.**

Freitag 26. Juli 19:30 Uhr bei mir zu Hause Absagen bis Freitag 19. Juli

Liebe/r ______________,

(mögliche Lösung:)
ich möchte dich einladen!
Am Freitag, dem 26. Juli feiere ich meinen Geburtstag um 19:30 Uhr bei mir zu Hause. Absagen bitte bis spätestens Freitag, dem 19. Juli.
Ich freue mich, wenn du kommen kannst!

Dein/e ______________

 42

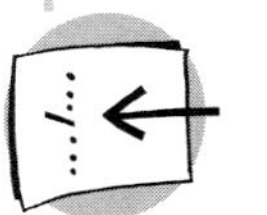

Kommasetzung bei Termin-, Orts- und Adressangaben: Arbeitsblatt II

① **Setze in den folgenden Sätzen Kommas, wenn dies nötig ist.**

a) Liebe Freunde, unsere Veranstaltung findet am Montag, dem 26.10. in Berlin statt.

b) Bitte seid pünktlich um 12:00 Uhr dort.

c) Von dort aus geht es nach Köln, Bachstraße.

d) Wenn du nicht teilnehmen kannst, dann melde dich bis Montag, dem 05.10. für deine Absage.

② **Huch! Hier ist etwas durcheinandergeraten. Schreibe sinnvolle Sätze mit den Wörtern auf die Linien. Denke an die Kommasetzung, wenn dies nötig ist.**

a) Freitag Hund muss Mein am 4. September Tierarzt zum dem

Mein Hund muss am Freitag, dem 4. September zum Tierarzt.

b) für Konzertkarten die 06.12. Samstag dem Vorbestellung Die erst am startet

Die Vorbestellung für die Konzertkarten startet erst am Samstag, dem 6.12.

c) 24.12. am Jahr Jedes Heiligabend ist

Jedes Jahr ist Heiligabend am 24.12.

d) Eltern Klassenfahrt am dem die Liebe Kinder Montag 27.05. fahren auf

Liebe Eltern, die Kinder fahren am Montag, dem 27.05. auf Klassenfahrt.

e) erst Uhr Ich gegen 18:00 komme Hause nach

Ich komme erst gegen 18:00 Uhr nach Hause.

Kommasetzung bei Termin-, Orts- und Adressangaben: Teste dich

① **Richtig oder falsch? Kreuze an.**

Behauptung	richtig	falsch
Ein Komma wird gesetzt, wenn du nur eine Termin-, Datums- oder Ortsangabe hast.		✗
Wenn du in einem Text ein Datum und eine Ortsangabe hast, muss ein Komma gesetzt werden.	✗	
Das Komma wird gesetzt, wenn in dem Text ein Wochentag und Datum zusammen genannt werden.	✗	
Bei einer mehrteiligen Ortsangabe wird ein Komma gesetzt.	✗	
Kein Komma wird gesetzt, wenn du eine einteilige Ortsangabe hast.	✗	

5

② **Setze in den folgenden Sätzen Kommas, wenn dies unbedingt nötig ist.**

a) Die Grillfeier am Samstag, dem 15. Juli entfällt wegen des schlechten Wetters.

b) Das Turnier geht von Freitag bis Sonntag.

c) Am Mittwoch, dem 03.10. ist deutschlandweit Feiertag.

d) Möchtest du mich nach München begleiten?

e) Hamburg, den 30. April 2012

f) Die Band spielt am 29.11. für 2,5 Stunden.

6

③ **Richtig oder falsch? Kreuze an.**

Behauptung	richtig	falsch
Am Samstag, dem 23.09. erwartet sie ihr erstes Kind.	✗	
Am Samstag treffen wir uns beim Griechen.	✗	
Familie Schneider soll Freitag den 23.12. wieder zurück sein.		✗

3

Du hast ____ **von 14 Punkten erreicht!**

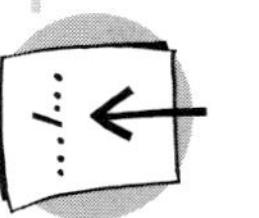

Kommasetzung bei Anrede, Begrüßungen und Verabschiedungen

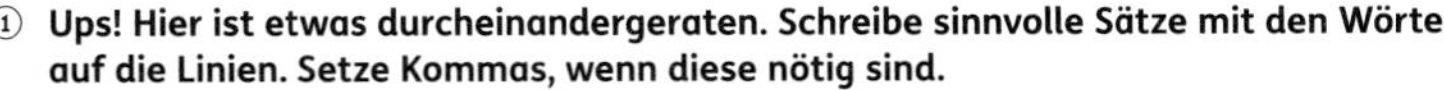

Wenn du eine Person direkt ansprichst, musst du den Namen mit einem Komma vom restlichen Satz abtrennen.

Beispiel:

„Sina, das hast du sehr gut gemacht!“
„Das habt ihr toll gemacht, meine Kinder!“

Wenn du in einem Brief die Anrede benutzt, trennst du sie mit einem Komma ab und beginnst deinen Satz im nächsten Abschnitt.

Beispiele:

Sehr geehrte Damen und Herren, …
Mein lieber Schatz, …

Handelt es sich um keine so förmliche Anrede, wird das Komma nur hinter den Namen gesetzt.

Beispiel:

Hallo (,) liebe Eltern,

Das Komma darf auch hinter „Hallo“ gesetzt werden, muss es aber nicht.

Achtung:

Wenn du dich in einem Brief oder Text verabschiedest, dann setzt du kein Komma!

Beispiele:

Freundliche Grüße
Max Mustermann

Wurde das Komma richtig gesetzt? Kreuze an.

Anrede und Begrüßung	richtig	falsch
Hallo, liebe Mama		✗
Sehr, geehrter Herr Kaiser		✗
Henry, fahr sofort langsamer!	✗	
Das freut mich für euch, meine Lieben!	✗	
Das haben Sie, Frau Kling, sehr gut gemacht!	✗	

① **Ups! Hier ist etwas durcheinandergeraten. Schreibe sinnvolle Sätze mit den Wörtern auf die Linien. Setze Kommas, wenn diese nötig sind.**

a) ich mich Eltern auf den Liebe freue Elternabend

Liebe Eltern, ich freue mich auf den Elternabend.

b) geehrte und Damen vielen für Herren Ihre Sehr Dank Nachricht

Sehr geehrte Damen und Herren, vielen Dank für Ihre Nachricht.

c) sofort Laura nach komm Hause

Laura, komm sofort nach Hause!

d) Mila alles zu Liebe zweiten Geburtstag und Gute Liebe deinem

Liebe Mila, alles Liebe und Gute zu deinem zweiten Geburtstag.

e) Grüße Kinder Klasse 4 Liebe der die

Liebe Grüße die Kinder der Klasse 4.

② **Schreibe drei eigene Anreden oder Begrüßungen auf die Linien.**

(individuelle Lösung)

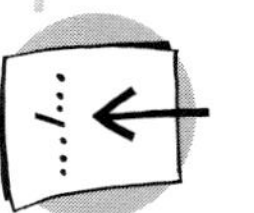

Kommasetzung bei Anrede, Begrüßungen und Verabschiedungen: Arbeitsblatt II

① **Stimmen die folgenden Anreden, Begrüßungen und Verabschiedungen? Verbessere sie, wenn du „falsch" angekreuzt hast.**

Satz	richtig	falsch	Verbesserung
Sehr geehrte Frau Neu,	✗		
Liebes Schwesterherz		✗	Liebes Schwesterherz,
Sonja,	✗		
Kai		✗	Kai,
Hallo Kim		✗	Hallo Kim,
Mein, lieber Schatz,		✗	Mein lieber Schatz,
Hallo, Herr Maier		✗	Hallo, Herr Maier,
Freundliche, Grüße		✗	Freundliche Grüße
Mit freundlichen Grüßen,		✗	Mit freundlichen Grüßen
Viele, liebe Grüße,		✗	Viele liebe Grüße

② **Schreibe eine mögliche Anrede für einen Brief oder eine E-Mail auf die Linien, wenn du**
(individuelle Lösung, hier werden Beispiele gegeben.)

a) ... deiner Mama — Liebste Mama,

b) ... einer Lehrerin — Sehr geehrte Frau Schmidt,

c) ... einer unbekannten Person — Sehr geehrte Damen und Herren,

d) ... einer Freundin — Hi Mathilda,

schreibst.

③ **Schreibe eine mögliche Verabschiedung für einen Brief oder eine E-Mail auf die Linien, wenn du**
(individuelle Lösung, hier werden Beispiele gegeben.)

a) ... deiner Mama — Ich liebe dich und bis bald – deine Lina

b) ... einem Lehrer — Liebe Grüße – Theo

c) ... einer unbekannten Person — Freundliche Grüße – Katja Maier

d) ... einem Freund — Bis dann und viele Grüße – Leon

schreibst.

Kommasetzung bei Anrede, Begrüßungen und Verabschiedungen: Teste dich

① **Setze in den folgenden Sätze Kommas, wenn es nötig ist.**

a) Liebe Maja, ich freue mich so sehr für dich!

b) Hallo Hans, vielen Dank für deine nette Nachricht.

c) Sehr geehrte Damen und Herren, ich möchte Sie über Folgendes in Kenntnis setzen.

d) Hallo liebe Freunde, ich möchte euch von Herzen danken!

e) Hallo Herr Schmitz, bezüglich Ihrer Nachfrage melde ich mich bei Ihnen.

f) Herzliche Grüße
Sabrina Kreuz

g) Ich wünsche ein schönes Wochenende und verbleibe mit lieben Grüßen
Kaja Wolf

h) Freundliche Grüße
Ihr Theo Weimar

| | 5 |

② **Schreibe eine mögliche Anrede für einen Brief oder eine E-Mail auf die Linien, wenn du**
(individuelle Lösung)

a) ... deiner Oma

b) ... einer Freundin

c) ... einer unbekannten Person

schreibst.

| | 4,5 |

③ **Schreibe eine mögliche Verabschiedung für einen Brief oder eine E-Mail auf die Linien, wenn du**
(individuelle Lösung)

a) ... deiner Oma

b) ... einer Freundin

c) ... einer unbekannten Person

schreibst.

| | 4,5 |

Du hast ___ **von 14 Punkten erreicht!**

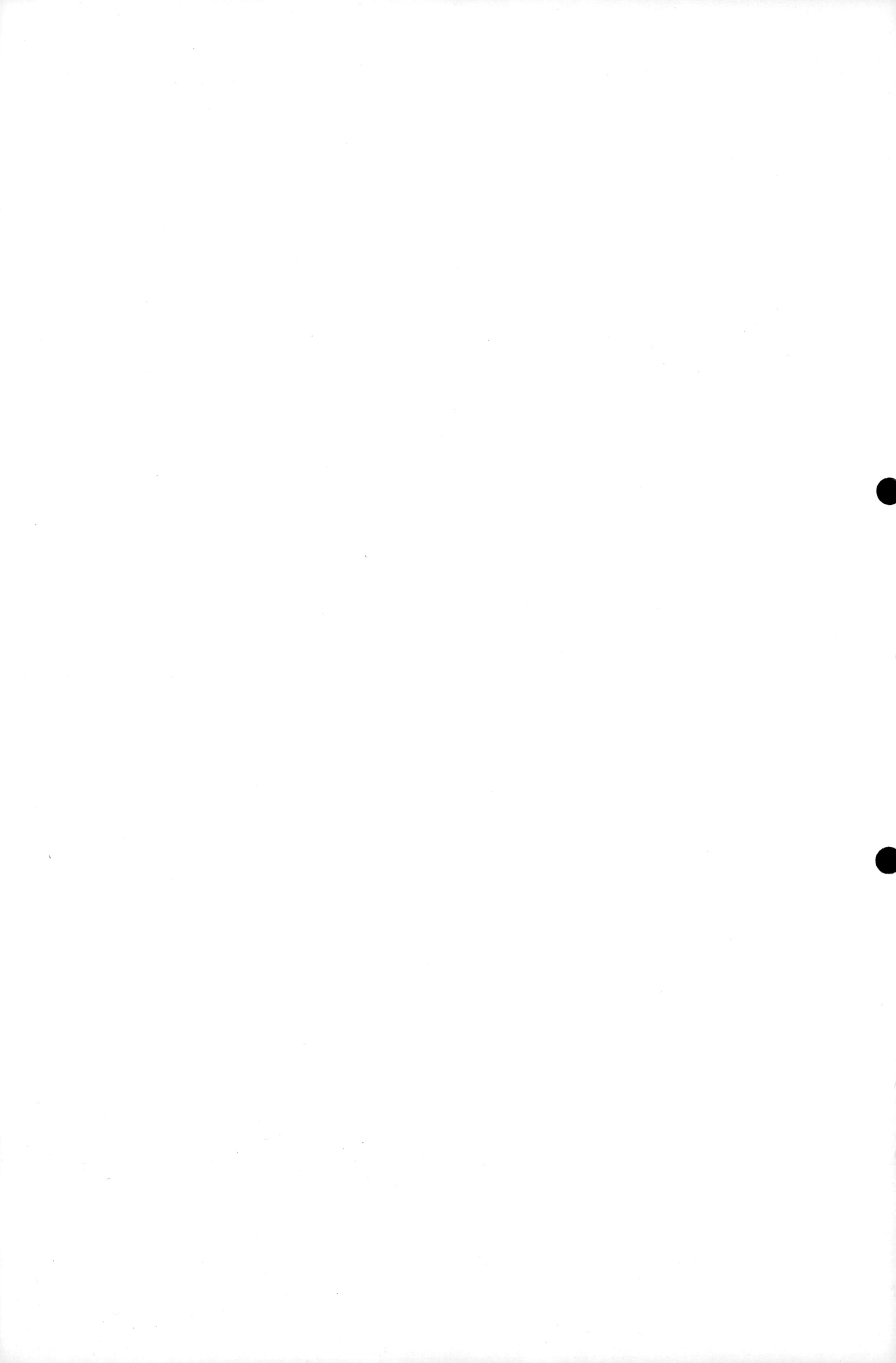